느린 시간의 흐름, 멕시코

느린 시간의 흐름,
멕시코

초판 1쇄 인쇄 2018년 8월 30일
초판 1쇄 펴냄 2018년 9월 10일

지은이　　홍지선
펴낸이　　유정식

책임편집　　고나희
편집/표지디자인　　이승현

펴낸곳　　나무자전거
출판등록　　2009년 8월 4일 제 25100-2009-000024호
주소　　서울 노원구 덕릉로 789, 2층
전화　　02-6326-8574
팩스　　02-6499-2499
전자우편　　namucycle@gmail.com

ⓒ홍지선 2018
ISBN : 978-89-98417-39-0(13980)

정가 : 13,500원

파본이나 잘못 인쇄된 책은 구입하신 서점에서 교환해드립니다.

이 책은 저작권법에 따라 보호받는 저작물이므로 무단전재와 복제를 금합니다.
이 책 내용의 일부 또는 전부를 이용하려면 반드시 저작권자와 나무자전거의 서면동의를 받아야 합니다.

이 도서의 국립중앙도서관 출판예정도서목록(CIP)은 서지정보유통지원시스템 홈페이지(http://seoji.nl.go.kr)와
국가자료종합목록시스템(http://www.nl.go.kr/kolisnet)에서 이용하실 수 있습니다. (CIP제어번호 : CIP2018026290)

홍지선(쥬디)
찍고 쓰다

느린 시간의 흐름, 멕시코

Prólogo

참 괜찮은 일상이었다. 일주일에 3일, 월·수·금에는 영어학원에서 학생들을 가르쳤다. 첫 책을 펴낸 후 간간이 들어오는 남미여행 강연을 했고, 주 3일 정도 홍대에서 살사를 췄다. 살사 공연을 위해 두 달간 연습하고 무대에 서며 내 일상은 더 풍부해졌다. 주말에는 취미로 캘리그라피까지. 다양한 활동으로 일상을 꽉꽉 채웠고, 그 누구의 삶과도 바꾸고 싶지 않은 하루하루를 보내던 2017년의 어느 날. 나는 모든 걸 내려놓고 멕시코로 향했다. 두 번째 멕시코다.

소중한 일상이었지만 그 모두를 합쳐도 멕시코를 다시 여행하고 싶다는 열망보다는 크지 못했다. 사실 멕시코를 석 달 여행하겠다고 마음먹은 건 자장면을 먹을지 짬뽕을 먹을지를 결정하는 것보다 쉬웠다(둘 중 어떤 것을 먹을지를 선택하는 것은 삶이 끝날 때까지 지속되는 어려운 문제다). 나에게 멕시코는 '갈지, 말지'가 아닌 '무조건 가야 해. 정말로 다시 가고 싶다'는 확신이 있는 곳이었다.

3년 전, 215일 동안 중남미여행을 하면서 그것이 나에게는 처음이자 마지막 긴 자유여행이라고 생각했다. 그러나 마지막 나라였던 멕시코에서 마음을 고쳤다. 이곳에 다시 오겠다고 마음먹은 건 칸쿤에서였다. 남미 대륙에서 고산 도시

를 지나고 트래킹을 해가며 열심히 여행하고 중미로 넘어오니 칸쿤은 천국이었다. 발아래 놓인 카리브해에서는 아무것도 하지 않고 선베드에 누워 아름다운 바다를 바라보는 것이 여행자의 일이었다. 이토록 게으르고, 여유로운 여행을 즐겨도 되나 불안하면서도 행복했다.

타코를 비롯한 맛있고 저렴한 거리 음식과 친절한 멕시코 사람들이 있는 곳. 나라 전체에 퍼져있는 신비한 문화유산을 찾아가느라 멕시코는 지루할 틈이 없었다. 첫 여행 때 멕시코에 한 달 있으면서 세 개 도시만 여행했던 건 다음을 기약했기 때문이다. 이렇게 할 것 많고 갈 곳 많은 나라를 한 달 정도만 여행한다는 건 말이 안 된다고 생각했다. 멕시코를 다시 여행하겠다는 다짐은 멕시코를 떠난 지 1년 반 만에 이룰 수 있었다.

사람들은 궁금해한다.

"왜?"
"멕시코는 정말 좋은 곳이니까."
"어떻게?"
"목적지 정하지 않고 발길 닿는 대로 이동하는 거지."

"괜찮아?"
"남미보다 치안 좋던데."
"혼자?"
"동행이 있으면 한 명의 친구만을 얻을 수도 있지만, 혼자 여행하면 스무 명의 친구도 만들 수 있어."

몸에 익은 편안한 일상을 벗어나 새로운 일을 마주하는 것에는 귀찮음과 두려움이 존재한다. 내 삶이 너무 지긋지긋해서 어디론가 도망가고 싶다가도, 익숙한  괴로움이 차라리 나을 때가 있다. 꼭 여행하고 싶은 곳이 있지만 비행기 표를 끊고 스케줄을 조정하는 일은 꽤 많은 에너지를 필요로 한다.

분명 떠나고 싶은 마음은 굴뚝같은데, 거짓말이 아니라 정말 여행길에 오르고 싶은데 실행이 쉽지 않다. 갈까 말까를 정하느라, 정말 가는 게 맞는지를 따져보느라 또 한 해가 지나갔다. 여행은 의무가 아니다. 그래서 떠날지 말지를 결정하는 일은 아주 쉽거나 혹은 아주 어렵다.

주변에 쉽게 비행기를 타는 친구가 있다면, 그 사람의 우선순위에는 여행이 자리한다. 나만 떠나지 못했다고 속상할 것도 없다. 지금 이 순간, 자신의 최우선 순위에 여행이 아닌 다른 소중한 것들이 자리하고 있는 것이다.

　멕시코 여행하는 데 87일이라는 시간과 560만 원이라는 경비를 썼다. 당시에는 여행을 결정하는 일이 큰 도전처럼 여겨졌지만, 인생 전체를 놓고 보니 더 오래 여행해도 되었다. 한국에서 열심히 번 돈으로 내 시간을 오로지 내 마음대로 채워가는 일. 그것이 바로 여행의 묘미 아니던가.

　세상에는 어쩔 수 없는 것도 많지만 어쩔 수 없다는 핑계로 내가 행동하지 않은 것이 훨씬 많다. 어차피 690년쯤 살 수 없는 인생이니 다음 선택의 갈림길에서는 여행을 떠나는 상상을 해본다. 그 여정이 멕시코가 된다면 더할 나위 없을 것이다.

2018년 8월 열대야가 지속되던 어느날 밤

쥬디 홍지선

Contenido

Prólogo

멕시코 여행 정보 Información turistica de México

México #1 키워드로 보는 멕시코 10 · 16
México #2 멕시코 여행 루트 · 18
México #3 멕시코 여행 준비하기 · 21
México #4 멕시코 여행 시 주의사항 · 22
México #5 멕시코 숙소 예약하기 · 24
México #6 멕시코 음식 · 26
México #7 멕시코 기념품 · 33
México #8 멕시코 휴일과 축제 · 35

멕시코시티 Ciudad de México

episodio #1 여행자의 공식 · 37
episodio #2 여행은 시작됐다 · 40
episodio #3 나만 알고 싶은 공간 · 44
episodio #4 강렬함의 극치, 멕시코 벽화 · 48
episodio #5 타코와 팔로마 그리고 자장면 · 51

episodio #6   여행이 늘 즐거운 건 아니야 • 57
　　　　　　 멕시코 벽화를 보러 가자! • 61
　　　　　　 멕시코시티 가볼 만한 곳 BEST 5 • 63

과나후아토 Guanajuato
episodio #7   인생사진을 건지고 싶다면 • 67
episodio #8   화관을 쓰는 마을 • 72

　　　　　　 과나후아토 가볼 만한 곳 BEST 5 • 78
　　　　　　 과나후아토 카페 추천 • 80

과달라하라&산 루이스 포토시 Guadalajara&San Luis Potosi
episodio #9   혼자 밥 먹는 내가 안쓰러웠나요? • 82
episodio #10   미나스 폭포를 향한 즉흥여행 • 88
episodio #11   무차스 그라시아스 Muchas gracias! • 91
episodio #12   고생 끝에 타물 폭포 • 95
　　　　　　 우아스테카 포토시나 가볼 만한 곳 BEST 2 • 102
　　　　　　 쥬디가 사랑한 할리스코 음식 • 103
　　　　　　 과달라하라 근교 가볼 만한 곳 BEST 3 • 104

푸에블라 Puebla

episodio #13 여행자의 밤 · 108
episodio #14 세상 어디에도 없는 촐롤라 마을 · 112
episodio #15 누군가와 여정을 함께하는 것 · 119
episodio #16 혼자 여행하는 이유 · 123
　　　　　　푸에블라 가볼 만한 곳 BEST 3 · 128

와하카 Oaxaca

episodio #17 언덕 위 고대도시, 몬테 알반 · 131
episodio #18 소칼로 광장의 맛 · 137
　　　　　　와하카 가볼 만한 곳 BEST 4 · 143

킨타나 로오(칸쿤) Quintana Roo(Cancún)

episodio #19 자유여행자가 본 칸쿤 · 146
episodio #20 칸쿤의 보석, 여인의 섬 · 150
episodio #21 10페소의 눈물 · 159
episodio #22 비바 메히꼬 Viva México! · 162
　　　　　　칸쿤 가볼 만한 곳 BEST 7 · 167
episodio #23 에메랄드빛 민물 호수, 바칼라르 · 171
　　　　　　바칼라르 추천 맛집 BEST 4 · 182

유카탄 Yucatán

episodio#24 신들이 놀다 간 치첸이트사 · 185

episodio#25 핑크호수를 찾아서 · 190

episodio#26 숙소로 떠나는 여행 · 198

유카탄 가볼 만한 곳 BEST 3 · 203

치아파스 Chiapas

episodio#27 참 고마웠어요 · 206

episodio#28 정글 속 마야 유적지 · 211

episodio#29 산크리스토발에서는 조심해야 해! · 215

episodio#30 쥬디의 운수 좋은 날 · 222

episodio#31 멕시코를 추억하는 나만의 방법 · 231

episodio#32 멕시코, 또 만나요 Hasta Luego, México! · 234

산크리스토발 가볼 만한 곳 BEST 3 · 240

쥬디가 추천하는 멕시코 여행지 BEST 5 · 242

Epílogo

이 책의 편집 _____

- 표기법에 다소 맞지 않더라도 우리나라 사람들 사이에 굳어진 말은 그대로 표기했습니다.
- 어법에 다소 맞지 않더라도 저자 특유의 표현을 조금씩 살려두었습니다.
- 외국어 대화체는 상황에 따라 경어의 사용을 달리했습니다.
- 원어 한글 표기는 실제 스페인어 된소리 발음이 아닌,
  되도록 우리나라 독자에게 익숙한 발음을 택했습니다.
- 원어 병기는 원어의 띄어쓰기를 따랐으나,
  우리나라 독자에게 익숙한 일부 지명에는 반영하지 않았습니다.

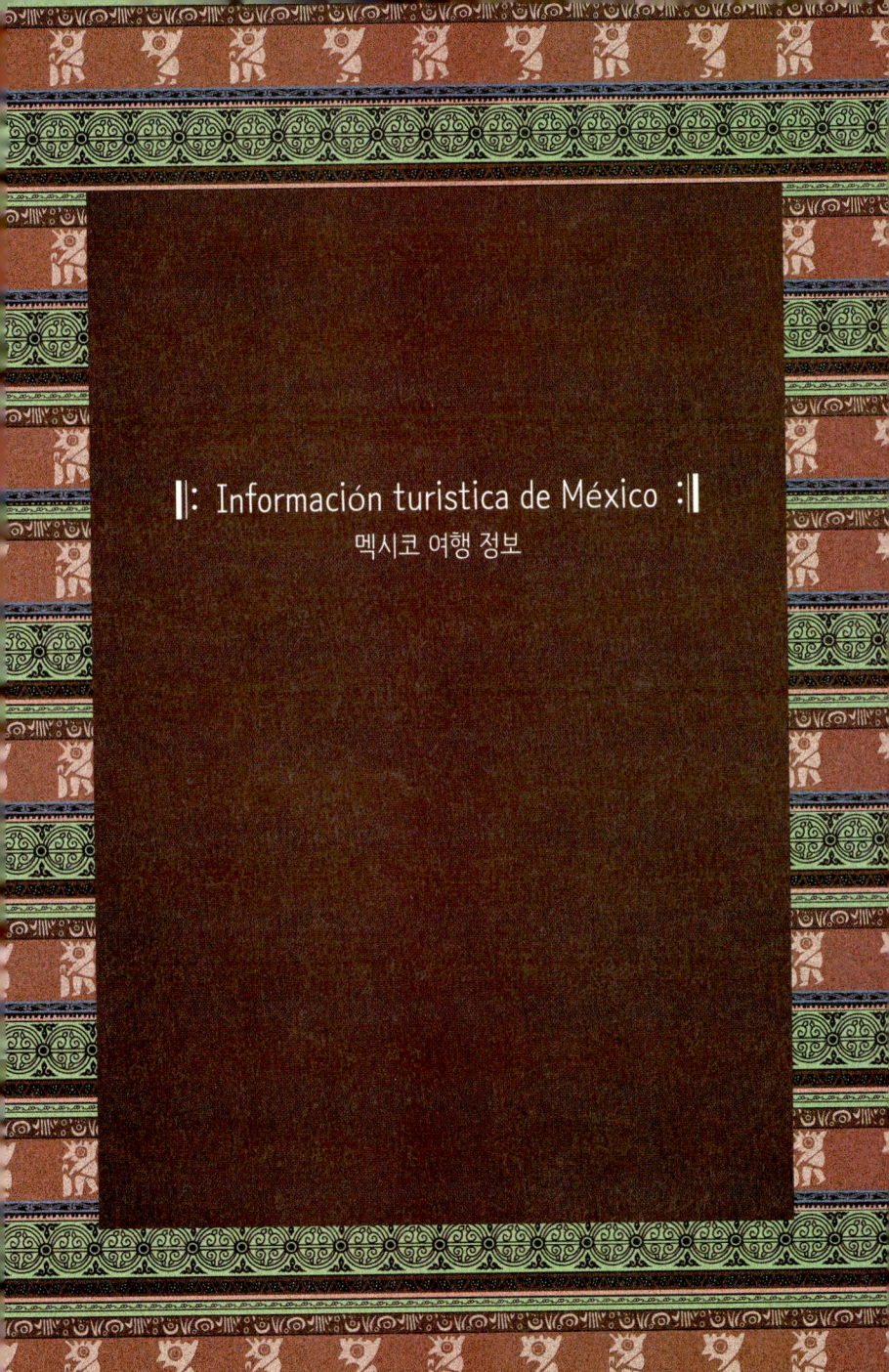

‖: Información turistica de México :‖
멕시코 여행 정보

México # 1
키워드로 보는 멕시코 10

_ 15시간

멕시코는 우리나라보다 15시간이 느리다. 서머타임(4월 첫째 주~10월 마지막 주)에는 14시간 차이 난다.

11월~5월 _

멕시코를 여행하기 가장 좋은 시기. 6월부터는 우기에 접어들고, 8~9월에는 비가 오는 지역이 많다. 7~8월은 휴가철이므로 칸쿤(Cancún)이나 로스 카보스(Los Cabos)같은 유명 휴양지에는 사람이 많이 몰린다. 연말은 극성수기에 해당한다.

_ 가톨릭

멕시코는 스페인 지배의 영향으로 국민의 약 89%가 가톨릭을 믿는데, 토속 신앙과 혼합됐다. 기독교는 약 5%이다.

원주민 문화 _

멕시코의 역사는 원주민 인디오들에 의해 시작됐으며 옥수수 농사를 기반으로 한 촌락이 멕시코 각지에서 생겨났다. 멕시코 중앙고원에 도시가 건설됐으며 테오티우아칸(Teotihuacan), 마야(Maya), 톨테카(Tolteca), 아스테카(Azteca) 등 원주민 문화가 발달했다.

_ 스페인어

멕시코는 스페인어를 공용어로 사용한다. 길 위에 나서는 순간부터는 스페인어로 듣고 말해야 하는데 희소식은 있다. 스페인어를 잘 못해도 친절한 멕시코인들이 잘 도와준다는 것이다. 또한 한국 사람들은 기지를 발휘해 생존 스페인어를 금방 습득하며, 칸쿤이나 로스 카보스 등 유명 관광지에서는 영어가 잘 통하는 편이다.

마리아치

마리아치(Mariachi)는 과달라하라 지방에서 유래한 멕시코의 대표적인 악단이다. 마리아치는 대개 2명 이상으로 구성되며, 승마복에서 변형된 차로(Charro) 의상을 입는다. 마리아치의 노래 가사와 레퍼토리는 다양하고 또 광범위해서 듣는 이의 눈과 귀가 즐겁다. 멕시코 사람들은 생일 파티, 결혼식, 프러포즈 등 축하할 일이 있을 때는 꼭 마리아치를 초청한다. 인생의 중요한 순간을 항상 음악과 함께하는 것이다.

옥수수

옥수수는 멕시코의 고대 문명을 꽃피우는 역할을 했다. 식량뿐 아니라 종교적으로도 중요했는데, 신이 옥수수 가루로 사람을 만들었을 때 가장 온전한 사람이 되었다는 믿음이 있기 때문이다. 오늘날에도 옥수수를 이용해 각종 음식과 간식을 만들며, 가정집에 귀한 손님이 방문하면 꼭 옥수수 요리를 대접한다.

메스티소

멕시코 민족의 60%는 라틴아메리카의 백인과 원주민인 인디오의 피가 섞인 메스티소(Mestizo)이며, 원주민이 30%, 백인이 9%이다. 미국과 근접한 북부 지역에는 백인의 비율이 높고 스페인의 정복이 늦었던 유카탄반도나 와하카 일대에는 원주민 인구가 높다.

피라미드

멕시코는 세계에서 가장 많은 피라미드(Pirámide)를 가지고 있는 나라이며 멕시코인들의 피라미드에 대한 자부심 또한 엄청나다. 대표적인 피라미드 유적지는 멕시코시티에서 근접한 테오티우아칸과 유카탄(Yucatán)주에 자리한 치첸이트사(Chichén Itzä)이다.

세노테

세노테(Cenote)는 석회암 암반이 함몰되면서 표면이 드러난 천연 우물이다. 멕시코 유카탄반도 지역에만 약 천 개의 세노테가 있는 것으로 알려져 있다. 세노테에서 즐기는 수영과 다이빙은 멕시코에서 할 수 있는 특별한 액티비티이다.

México # 2

멕시코 여행 루트

쥬디의 87일 멕시코 루트 _

멕시코시티 … 🚌 … 과나후아토 … 🚌 … 산미겔 데 아옌데 … 🚌 … 과달라하라 … 🚌 … 테킬라 … 🚌 … 차팔라 … 🚌 … 과달라하라 … 🚌 … 씨우다드 바예스 … 🚌 … 멕시코시티 … 🚌 … 탁스코 … 🚌 … 푸에블라 … 🚌 … 와하카 … 🚌 … 멕시코시티 … ✈ … 칸쿤 … 🚌 … 바칼라르 … 🚌 … 플라야 델 카르멘 … 🚌 … 바야돌리드 … 🚌 … 메리다 … 🚌 … 팔렝케 … 🚌 … 산크리스토발 데 라스 카사스

쥬디의 멕시코 여행은 일반적인 루트와는 조금 다르다. 석 달간 여행했기에 시간이 넉넉했고, 일정을 계획하지 않고 느긋이 움직일 수 있었다. 그러나 짧은 시간 안에 멕시코를 알차게 여행하려면 동선을 최소화해야 하므로 해당 루트는 참고만 하길 바란다.

멕시코 국민 루트 _

여행자에게 가장 사랑받는 멕시코의 핵심 도시 조합이다. 여정은 최소 2주 이상 잡는 것이 좋다. 멕시코시티에서 와하카(Oaxaca) 구간은 야간버스로는 약 6~7시간 걸리는데, 낮 시간에 이용하면 약 2~3시간 더 소요된다. 와하카에서 산크리스토발 데 라스 카사스(San Cristóbal de Las Casas) 구간이 관건인데, 야간버스로 약 11시간이 걸린다. 와하카에서 출발 기준으로 약 3시간가량 길이 험하니 참고!

과달라하라 … 🚌 … 과나후아토 … 🚌 … 멕시코시티 … 🚌 … 와하카 … 🚌 … 산크리스토발 데 라스 카사스 … ✈ … 칸쿤

산크리스토발에서 칸쿤 구간은 국내선 여객기를 이용할 것을 추천한다. 산크리스토발에서 약 1시간 반 거리(76킬로미터)에 위치한 툭스틀라 구티에레스(Tuxtla Gutierrez)에 있는 공항(Aeropuerto Internacional Ángel Albino Corzo)을 이용한다. 여정이 넉넉하다면 버스를 이용해서 캄페체(Campeche), 유카탄주를 여행하며 이동한다.

| 주간버스 | 야간버스 | 항공

센트럴 멕시코 루트 _

수도인 멕시코시티만 해도 보고 즐길 것이 지천으로 널려있지만, 여정이 짧거나 멕시코시티에서 가까운 도시를 여행하고 싶은 여행자에게 추천한다. 멕시코시티를 기준으로 북서쪽으로는 케레타로(Querétaro)와 과나후아토 (Guanajuato), 동남쪽에는 푸에블라(Puebla)가 있다.

과나후아토 … 🚌 … 산미겔 데 아옌데 … 🚌 … 케레타로 … 🚌 … 멕시코시티 … 🚌 … 푸에블라

가장 먼 과나후아토까지 약 5시간 소요되며, 푸에블라까지는 2시간 남짓이면 닿을 수 있다. 여정이 촉박하다면 푸에블라나 케레타로를 당일치기나 꽉 찬 1박 2일 여정으로 여행해도 괜찮다. 치안이 좋아 여행자가 마음 편히 다닐 수 있는 아름답고 안전한 도시들이다.

칸쿤(카리브해) 루트 _

카리브해(Mar de Caribe)를 맘껏 즐길 수 있는 칸쿤 일대 조합이다. 여정은 최소 7일에서 열흘 이상 잡는 것이 좋으나, 남쪽 바칼라르(Bacalar)를 건너뛴다면(물론 바칼라르를 특히 추천한다) 일주일이면 충분하다.

칸쿤 … 🚌 … 플라야 델 카르멘 … 🚌 … 툴룸 … 🚌 … 바칼라르

플라야 델 카르멘(Playa del Carmen)이나 툴룸(Tulum)의 경우 칸쿤에서 당일치기로 여행할 수 있다. 동행이 있다면 차를 렌트해서 해안선을 따라 바칼라르까지 여행하는 것도 좋다. 칸쿤을 오갈 때는 국내선 여객기를 이용한다. 멕시코시티와 칸쿤 간 국내선 편도 금액은 약 10만 원 선(극성수기와 주말 제외)이다.

Información turística de México _ 19

 주간버스  야간버스  항공

고대 마야 유적지 루트 _

고대 마야는 멕시코뿐만 아니라 벨리즈(Belize), 과테말라(Guatemala) 등 5개국을 포함하는 거대한 제국이었다. 마야의 경이로운 흔적을 느낄 수 있는 마야 유적지 루트로, 최소 7일이 예상된다. 특별한 이유가 아니고서는 모두 갈 필요는 없고 여행자마다 일정에 맞게 골라서 방문하면 된다.

툴룸 ⋯ 🚌 ⋯ 치첸이트사 ⋯ 🚌 ⋯ 욱스말 ⋯ 🚌 ⋯ 칼라크물 ⋯ 🚌 ⋯ 팔렝케

특히 치첸이트사와 팔렝케(Palenque)의 유적지를 추천한다. 멕시코의 상징인 피라미드를 치첸이트사에서 볼 수 있으며 칸쿤에서 당일치기도 가능하다. 치아파스(Chiapas)주에 있는 팔렝케 유적지에서는 정글 속 신비로운 고대 건축물을 만날 수 있다.

멕시코 북부 루트 _

과달라하라 ⋯ ✈ ⋯ 라파스 ⋯ 🚌 ⋯ 로스 카보스

과달라하라 ⋯ 🚌 ⋯ 푸에르토 바야르타 ⋯ 🚌 ⋯ 사율리타

한국인에게는 거의 알려지지 않았지만 멕시코에서 새로운 휴양지로 주목받는 곳이 바하 칼리포니아 수르(Baja Califonia Sur)주이다. 태평양과 코르테스해(Mar de Cortés), 두 개의 바다가 만나는 곳이라 칸쿤의 동쪽과는 또 다른 아름다움을 접할 수 있다. 이곳에서 스쿠버 다이빙, 고래상어 투어, 골프 외에도 다양한 액티비티를 즐길 수 있다.

바하 칼리포니아 수르주는 과달라하라 혹은 멕시코시티에서 항공으로 이동한다. 푸에르토 바야르타(Puerto Vallarta)와 사율리타(Sayulita) 또한 서핑으로 유명해서 현지인들이 강력 추천하는 곳이다. 이곳은 과달라하라에서 버스로 이동할 수 있다.

México # 3

멕시코 여행 준비하기

멕시코 항공편 _

2017년 8월, 인천에서 멕시코시티로 입국할 수 있는 하늘길이 열렸다. 최근 몇 년간 한국-멕시코 간 여행객 수가 급증하면서 취항이 결정된 것인데, 멕시코 대표 항공사인 아에로멕시코(Aeromexico)가 취항한다. 직항을 이용하면 인천에서 멕시코시티까지 약 14시간이 소요된다. 이전에 미국이나 캐나다를 경유하면서 겪던 불편이 사라졌고, 여정이 단축됐다. 물론 티켓 가격을 비교한다면 미국을 경유해서 멕시코로 입국하는 방법도 고려해볼 만 하다.

출입국 및 비자 제도 _

우리나라는 멕시코와 사증 면제협정이 체결돼 있다. 따라서 한국인은 관광 목적인 경우 180일 동안 비자 없이 체류할 수 있다. 입국 시 입국신고서와 세관신고서를 작성한다. 여권이 아닌 입국신고서에 도장을 찍고 체류 기일을 적어주는데, 이 용지는 잘 보관해야 한다. 출국할 때 해당 신고서가 없으면 벌금을 내야 한다.

멕시코 화폐 및 환율 _

멕시코는 자국 화폐인 페소($)를 사용한다. 칸쿤이나 로스 카보스 등의 주요 관광지에서는 미국 달러도 통용된다. 1페소는 약 59원(2018년 7월 기준)이다.

멕시코 환전 팁 _

멕시코 대부분 도시에서 ATM 사용이 가능하니 현지 화폐로 출금해서 쓰는 게 가장 좋다. 한국에서 시티은행카드를 발급받아 가면 멕시코의 바나멕스(Banamex)은행에서 소액의 수수료를 내고 이용 가능하다(큰 수수료 차이는 아니지만 장기여행자에게 추천한다). 바나멕스는 어느 지역에서나 찾을 수 있는 은행이고 예금 조회도 가능해 편리하다.

Información turistica de México _ 21

칸쿤 지역에서는 미국 달러가 많이 쓰이니, 달러를 어느 정도 준비해 가는 게 좋다. 신혼여행으로 칸쿤을 여행하거나 칸쿤 호텔존에서만 머문다면 달러만 가지고도 여행할 수 있다. 일반적으로 공항은 환율이 가장 안 좋은 곳으로 꼽히지만 그 사례를 깨는 곳이 바로 멕시코이다. 멕시코시티와 칸쿤 공항에는 환전소들이 즐비한데, 시내 환전소와 비교해서 환율이 비슷하거나 오히려 더 잘 쳐준다(단, 출국장을 빠져나와 공항 내에 있는 환전소를 이용할 것). 시내에서 사설 환전소를 찾아다닐 필요 없이 공항에서 편하게 여윳돈을 환전한 후 ATM에서 현지 화폐로 출금하는 것이 편리하다.

México # 4
멕시코 여행 시 주의사항

멕시코 치안 _

멕시코의 마약 전쟁은 현재진행형이다. 마약 밀매조직 간의 경쟁으로 살인사건이 일어나고, 이런 사건들이 언론에 보도되면서 멕시코는 위험한 나라라는 인식이 강해졌다. 여행자가 마약과 연루되는 일은 거의 드물지만 멕시코에서 마약과 관련된 일이라면 무조건 피해야 한다.

멕시코 치안에 관해서 여전히 갑론을박이 많지만, 일반적으로 여행자가 많이 가는 관광 도시들은 치안이 안정된 편이다. 석 달간 멕시코를 여행하며 느낀 치안 상태는 외부에 알려진 것보다는 훨씬 안전했고 혼자 여행하기에 큰 불편함이 없었다는 것이다.

그러나 여행자는 언제든지 사기 등 범죄의 대상이 될 수 있음을 인지하고 조심해야 한다. 항상 소지품에 유의하고 늦은 밤에 외출을 삼가는 것은 기본이다. 실제로 무서운 사건들이 멕시코 어딘가에서 일어나고 있기 때문이다. 필자의 경우 외교부에서 제공하는 해외안전여행 제도를 참고로 여행 자제 지역은 방문하지 않았다.

외교부 해외안전여행 제도 www.0404.go.kr

멕시코의 물과 콜라

멕시코는 세계적인 물 부족 국가이고, 수질 또한 좋지 않다. 수돗물을 그냥 마시는 일은 절대 없어야 하며, 특정 지역에서는 물에 석회질이 많아 양치하는 물도 사서 쓰는 경우가 있다. 그런 이유로 멕시코는 세계 1위의 생수 소비 국가이다.

재미있는 건 콜라 소비도 세계 1위를 달린다는 점이다. 멕시코 사람들은 수돗물을 믿을 수 없어 생수를 사 마시는데, 물과 콜라 가격에 큰 차이가 없어 같은 돈이면 콜라를 마신다(한편, 마야인들은 콜라의 검은색이 악마를 물리친다고 믿었다고 한다).

멕시코의 팁 문화

멕시코의 식당은 대부분 앉은 자리에서 계산하고 종업원이 거스름돈을 가져다준다. 이때 전체 금액의 10~15% 정도의 팁을 테이블에 남기고 오는 것이 일반적이다. 종업원의 월급이 팁으로만 주어지는 곳도 있으니 멕시코에서 팁은 필수라고 인식하는 게 좋다. 칸쿤 일대에서는 계산서에 얼마의 팁을 남기라고 명시되어 나오거나(대개 10%) 혹은 이미 계산서에 찍혀서 나오는 경우가 있다. 이동식 타코 가게(Taquería)나 간이음식점에서는 정해진 팁이 없지만 상황에 따라 2~5페소 정도 건네면 좋다. 대형 마트 계산대에는 봉지에 물건을 담아주는 어르신들이 있는데 역시 약간의 팁을 건네도록 하자.

México # 5
멕시코 숙소 예약하기

요즘 여행자들이 이용하는 숙박 형태로는 호스텔, 호텔, 에어비앤비가 일반적일 것이다. 여행 전 휴대전화에 애플리케이션을 다운 받아 이용하는 것이 편리하다. 대부분 사이트에서 한국어가 지원되지만 금액은 멕시코 페소로 적용하자. 멕시코 물가를 체감하기에 좋다.
여행자가 많이 가는 도시에는 숙박시설이 넉넉하고 여행 인프라가 잘 구축되어 사나흘 전에만 숙박을 예약해도 충분하다. 그러니 몸 누일 곳을 못 찾을까 봐 걱정하진 않아도 된다. 예외로, 연말 극성수기나 부활절 기간(Semana Santa, 3월 말~4월 초)에는 최소 2주 전에 예약을 마치는 것이 좋다.

호스텔

멕시코에서 가장 저렴하게 이용할 수 있는 숙박 형태로, 필자 또한 일정 대부분을 호스텔에서 묵으며 여행했다. 호스텔마다 차이가 있지만, 6인실 도미토리에서 하룻밤 묵는 요금은 160~220페소로 만 원대 초반이다. 혼자 다니는 외로운 여행자들이 세계 각지에서 온 친구를 사귀고 정보를 나눌 수 있다. 동행이 있다면 호스텔의 개인룸을 이용하는 것도 좋다.

호스텔월드 www.hostelworld.com 예약 시 총 결제금액의 5%를 지불해야 하고, 가장 많은 숙박 시설을 가지고 있다. 부킹닷컴 www.booking.com 선입금 없이 예약할 수 있으나 선택할 수 있는 숙소 가짓수가 많지 않다.

호텔

숙소에서 편히 쉬는 것은 여행을 잘 이어가는 원동력이 된다. 호텔은 다른 숙박시설에 비해서는 조금 비싸지만, 개인 공간이 있어 제대로 쉴 수 있는 장점이 있다. 멕시코에는 괜찮은 시설의 호텔이 저렴한 금액으로 나오는 경우가 많으니 미리 알아보는 부지런함이 있다면 득템의 기회가 있다. 비용을 나눌 수 있는 동행이 있다면 호텔 숙박을 고려해 보는 것이 좋다.

호텔스닷컴 www.hotels.com 부킹닷컴 www.booking.com

에어비앤비

호텔에 가기엔 부담스럽고 호스텔의 북적거림이 내키지 않을 때 절충안으로 좋다. 필자의 경우 칸쿤, 플라야 델 카르멘, 바칼라르 지역에서는 에어비앤비를 이용했고 충분히 만족했다.

주인이 직접 공간을 빌려주는 방식이며 장기로 머무는 여행자들 또한 에어비앤비를 많이 찾는다. 요즘에는 호텔 시설 부럽지 않은 럭셔리한 에어비앤비도 많다. 가격대도 다양해서 일찍 예약하면 좋은 조건의 방을 구할 수 있다. 단, 하루만 묵는 일정이라면 추천하지 않는다.

에어비앤비 www.airbnb.com

México # 6
멕시코 음식

기본 재료 이해하기 _

살사

소스라는 뜻의 살사 (Salsa)는 멕시코 음식에서 토르티야와 함께 늘 식탁에 올라가는 기본재료이다. 대표 살사로는 치포틀레(Chipotle), 과카몰레(Guacamole), 베르데(Verde)가 있다. 아보카도와 토마토, 양파, 고수 등이 들어간 과카몰레는 고소하고 새콤해서 한국인의 입맛에 잘 맞는다. 빨간색 살사인 치포틀레는 토마토를 주재료로 해서 많이 맵지 않으며, 가장 매운 것은 녹색을 띈 베르데이다.

토르티야

멕시코 주식은 토르티야(Tortilla)이다. 옥수숫가루를 이용해 원형으로 늘여 빈대떡처럼 구운 것인데, 요즘은 밀가루로도 만든다. 토르티야는 단일 메뉴라기보다는 다양한 종류의 고기나 채소에 곁들여 먹는 음식이다.

토르티야를 튀기면 나초(Nacho)가 되고 안에 소를 넣고 싸 먹으면 타코(Taco)가 되며 치즈를 넣고 구워 먹으면 케사디야(Quesadilla)가 된다. 멕시코 사람들은 토르티야 없이는 식사가 안 될 정도로 엄청난 양을 먹는데 늘 뭔가에 싸 먹고, 찍어 먹고, 발라 먹는 모습을 자주 목격할 수 있다.

멕시코 대표 음식

타코

타코(Taco)는 따끈하게 구운 토르티야에 소고기, 닭고기, 돼지고기, 소시지 등을 선택한 후 각종 채소와 고수, 살사를 얹어 먹는 멕시코 대표 음식이다. 요리라기보다는 간단한 간식에 가깝다. 토르티야의 양쪽 끝을 잡고 한 입 크게 베어 물면 든든한 한 끼로 손색이 없다. 멕시코 전역에서 먹을 수 있는 국민 음식이며 거리에서 파는 타코 1개(토르티야 두 장을 준다)는 약 600~700원 선이다.

타말

타말(Tamal)은 옥수수 반죽 안에 고기와 채소를 넣고 옥수수 껍질에 싸서 찐 음식이다. 멕시코의 각 주와 도시마다 타말의 형태가 조금씩 다르며, 부르는 이름도 다양해서 멕시코 전역에는 약 5,000종의 타말이 있다. 먹기 편하고 든든해 출근길 사람들의 아침 식사 대용으로 인기가 좋다.

토르타

멕시코식 샌드위치로 불리는 토르타(Torta)는 멕시코 대표 서민 음식이다. 학생들의 도시락 메뉴로 사랑받으며 멕시코에는 토르타 축제가 있을 정도이다. 토르타에는 텔레라(Telera)라는 전통 빵을 사용하는데 조금 질기고 약간 딱딱한 식감이다. 이 텔레라 안에 고기와 각종 재료를 넣어 샌드위치처럼 먹는다.

Información turística de México _ 27

멕시코 대표 음식

케사디야

케사디야는 스페인어 '케소(queso, 치즈)'에서 파생되었다. 밀가루나 옥수수 반죽으로 얇게 구운 토르티야에 치즈, 해산물, 채소, 고기 등을 넣고 반으로 접어서 구운 요리이다. 맛있는 케사디야는 토르티야에 치즈만 넣고 살사만 찍어 먹어도 훌륭한 요리이다. 토르티야 사이에 눌어붙은 치즈를 한 입 베어 물면 바삭하고 고소한 케사디야의 맛에 매료될 것이다.

몰레

초콜릿과 고추가 들어가는 몰레(Mole)는 닭고기에 얹어 먹거나 밥에 비벼 먹는 소스의 일종이다. 초콜릿의 달콤함과 고추의 알싸한 맛이 섞여 외국인들에게는 오묘하고도 충격적인 맛을 선사하지만 멕시코 사람들에게는 인기 만점. 소스에 들어가는 재료가 스무 가지 이상이며 몰레의 요리법만 해도 수백 가지에 이른다. 멕시코에서 신맛, 단맛, 짠맛, 쓴맛, 매운맛 등 다섯 가지의 맛을 한 번에 느껴보고 싶다면 몰레를 주문하자!

엔칠라다

엔칠라다(Enchilada)는 멕시코 음식의 기본 재료인 토르티야에 소를 넣고 돌돌 말아서 매운 고추 소스를 뿌려서 오븐에 구워 먹는 요리이다. 고기, 해산물, 채소, 치즈 등이 들어간 맛있을 수밖에 없는 조합이다. 취향에 따라 상추, 올리브, 고추, 고수, 사워크림 등을 엔칠라다 위에 얹어 먹는데 멕시코 식당에서 쉽게 접할 수 있는 음식 중 하나다.

멕시코 거리 음식

과일컵

멕시코에서는 열대 과일을 많이 재배하기 때문에 신선한 과일을 저렴한 가격에 포식할 수 있다. 일회용 컵에 과일과 채소를 썰어 담아주는데, 원하는 과일만 고를 수도 있고 혼합해서 먹기도 한다. 가격은 15~30페소 선이다.
단! 멕시코에서는 과일에 소금을 뿌려 먹는다. 소금뿐이랴. 고춧가루도 팍팍 뿌려 먹는다. 천연 과일 그대로를 먹고 싶다면 꼭 'Natural, Por favor(나뚜랄, 뽀르 빠보르)'를 외치길.

감자칩

짭조름하고 매운맛을 좋아하는 멕시코 사람들의 손에는 어김없이 감자칩(Papas Fritas)이 들려있다. 튀긴 감자칩에 매콤한 소스와 소금을 뿌려주는데 기호에 따라 선택하면 된다. 언제 튀겼는지 알 수 없는 감자칩은 눅눅하거나 기름 맛이 느껴질 수 있으니, 현장에서 바로 튀겨주는 곳에서 사 먹는 게 좋다.

옥수수

마약 옥수수의 원조가 바로 멕시코에 있었다. 멕시코는 옥수수를 재배하기에 적합한 토양을 가지고 있으며, 옥수수는 아스테카 신화에도 등장할 정도로 멕시코 사람들에게 음식 이상의 의미가 있다. 굽거나 찐 옥수수에 버터, 치즈, 소금, 고춧가루 등을 뿌려 먹는다. 옥수수를 통째로 먹는 것이 엘로테(Elote), 옥수수 알갱이를 컵에 담아 주는 것이 에스키테(Esquite)이다.

Información turistica de México _ 29

멕시코 거리 음식 _

추로스

멕시코는 스페인의 영향을 많이 받았지만, 그들의 것에 자신들의 방식을 덧입혀 새로운 것을 만들어냈다. 그중 하나가 바로 추로스(Churros)이다.

스페인에서는 추로스를 초콜릿에 찍어 먹지만, 멕시코에서는 추로스 안에 초콜릿 또는 소스를 넣어 먹는다. 달콤한 계피 향을 느끼며 소스가 넘쳐흐르는 추로스를 한 입 베어 물면 행복은 그리 멀리 있지 않다.

니에베

언뜻 아이스크림처럼 생긴 니에베(Nieve)는 스페인어로 '눈'이라는 뜻이다. 하늘에서 내리는 눈을 볼 수 없는 멕시코라서 아이스크림에 니에베라는 이름을 붙인 것이 아닐까. 일반 아이스크림이 우유를 넣어 부드럽다면, 니에베는 아삭거리는 셔벗에 가깝다. 달콤한 코코넛이나 열대 과일과 함께 천연 재료가

들어가 있어 풍미가 깊고 진한 맛이 난다. 시원한 니에베는 멕시코에서도 유독 더운 도시들에서 큰 사랑을 받는다.

멕시코 대표 술_

테킬라

멕시코의 대표 증류주인 테킬라(Tequila)는 할리스코주의 테킬라 주변에서 재배되는 푸른 식물, 용설란(龍舌蘭)으로 만든다. 테킬라를 마실 때는 손등에 소금을 뿌려 핥은 후 테킬라를 들이키고 라임으로 입가심을 하는 것이 일반적이나 순서를 바꾸거나 방법이 좀 달라도 괜찮다. 테킬라를 스트레이트로도 많이 즐기지만, 알코올 농도가 35~55%로 높은 편이라서 칵테일의 베이스로 쓰거나 라임 주스와 섞어 마시기도 한다.

메스칼

메스칼(Mezcal)은 테킬라와 마찬가지로 용설란으로 만든 증류주인데, 특히 와하카주에서 만든 것을 최상으로 여긴다. 특이하게도 메스칼에는 구사노(Gusano)라는 벌레를 넣기도 하는데 그 유래가 재미있다.

용설란에 기생하는 나방의 애벌레가 실수로 술에 들어갔는데, 예상 밖으로 메스칼의 맛을 향상시켰다는 것이다. 또 마지막으로 술잔을 따라 애벌레를 마시는 사람에게 행운이 따른다는 설도 전해진다. 애벌레가 들은 메스칼과 아닌 것을 확인하고 구매할 수 있으니 와하카를 여행한다면 꼭 한 번은 메스칼을 맛보자.

멕시코 대표 술_

맥주

멕시코의 맥주(Cerveza) 중 가장 유명한 것이 바로 코로나(Corona)이다. 전 세계적으로 사랑받는 샛노란 코로나 병 안에 라임 한 조각을 톡 밀어 넣고 마시면 상큼함에 몸서리쳐진다.
그러나 실제로 코로나를 마시는 사람은 전부 외국인이고 정작 멕시코 사람들은 다른 맥주를 더 즐긴다. 코로나 외에도 맛있는 멕시코 맥주로는 모델로(Modelo), 인디오(Indio), 빅토리아(Victoria) 등이 있다.

팔로마

테킬라, 코로나 등이 교과서적인 멕시코의 대표 술이라면 팔로마(Paloma)는 현지인들이 가장 사랑하고 즐겨 마시는 술이다. 기본적으로 테킬라가 들어가지만 라임과 소다가 들어가서 새콤한 과일 향을 느끼며 가볍게 마실 수 있다. 부드럽게 넘어가는 목 넘김 덕분에 팔로마로 술자리를 시작했다면 귀가 시간을 기약할 수 없을지 모른다.

México # 7
멕시코 기념품

은 _

전 세계에서 은을 가장 많이 생산하는 나라는 어디일까? 바로 멕시코다. 멕시코에서는 훌륭한 품질의 은을 저렴한 가격에 구매할 수 있다. 은의 도시인 탁스코(Taxco)에 가면
좁은 골목 사이사이로 수백 개의 은 상점이 즐비한 것을 볼 수 있다. 탁스코가 아니더라도 멕시코 내 다른 도시에서도 은 제품은 활발하게 유통되므로 선물용으로 구입하기에 좋다.

테킬라 _

사진을 찍을 때 우리는 '김치~'라고 하지만 멕시코 사람들은 '테킬~래'라고 할 정도로 테킬라는 멕시코의 자랑이다. 대중적인 테킬라는 호세 쿠에르보(Jose Cuervo), 돈 훌리오(Don Julio), 에라두라(Herradura), 밀 오초시엔토스(1800) 등이 있다. 면세점이나 대형 마트에서 구입하는 것이 일반적이나 테킬라 투어를 가게 된다면 해당 양조장의 테킬라를 구입하는 것도 추천한다.

자수 직물 _

멕시코 사람들은 손재주가 좋다. 다채로운 색깔과 화려한 문양의 자수 직물이 그들의 손에서 탄생한다. 이토록 질 좋은 자수 직물을 멕시코 어디에서든 저렴한 가격에 구입할 수 있다. 특히 와하카나 산크리스토발의 자수 직물이 유명한데 가짓수가 다양하고 저렴하기 때문이다.

Información turística de México

솜브레로 _

챙이 넓은 모자인 솜브레로(Sombrero)는 멕시코를 떠올리는 대표 이미지이다. 솜브레로는 과장될 정도로 챙이 넓은데, 멕시코의 강렬한 햇빛을 가려 노동자들의 그늘이 되어준 것에서 현재의 화려한 모양으로 변화했다. 멕시코를 추억하는 독특한 장식품으로 솜브레로만 한 것이 없다.

수공예 인형 _

길바닥에 앉아 인형에 한 땀 한 땀 바느질하는 할머니를 만나자 절로 지갑을 열게 됐다. 멕시코 전통의상을 입은 수공예 인형은 이후 필자의 멕시코 여행에 늘 함께했다. 기념품 상점에서 대량으로 판매하는 것보다 개인이 만들어서 파는 인형 디테일이 훨씬 뛰어나다.

마야 기념품 _

멕시코 유적지 근처에서는 어김없이 마야 의상이나 조각품, 마그네틱을 판매한다. 면세점이나 기념품 상점에서 구매하면 질이 떨어지므로, 조금 비싸더라도 유적지에서 사는 것이 좋다. 유카탄주의 치첸이트사는 마야 쇼핑센터라고 해도 무방할 만큼 다양한 기념품이 있다. 외국인에게는 두 배의 가격을 부르니 흥정은 필수.

México # 8

멕시코 휴일과 축제

멕시코는 축제의 나라다. 연중 어느 도시에서나 크고 작은 축제가 벌어지니 여행자들에게는 즐거운 볼거리가 추가된다. 가톨릭 국가답게 대부분 종교와 관련된 것이 많지만, 엄숙하기보다는 흥겨운 분위기다. 애니메이션 '코코(Coco, 2017)'를 보면 그들이 어떻게 축제를 준비하고 즐기는지 엿볼 수 있다.

축제 _

- 11월 1일~2일 망자의 날(Día de los Muertos): 원주민 축제인 '망자의 날'은 멕시코에서 가장 중요한 축일이다. 멕시코 사람들은 이날 죽은 자들이 현생으로 잠시 내려온다고 믿는다. 각 가정에서는 제단을 꽃으로 화려하게 장식하고, 고인이 생전에 좋아했던 음식들을 진설한다. 해골 문양의 수공예품을 만들거나 기괴한 분장을 하고 퍼레이드를 하는데 죽음마저도 유쾌하게 승화시키는 멕시코 사람들의 삶을 들여다 볼 수 있다.

법정 공휴일 _

- 1월 1일 신정(Año Nuevo)
- 2월 첫 월요일 제헌절(El Día de la Constitución)
- 3월 세 번째 월요일 베니토후아레스 대통령 탄생일(Natalicio de Benito Juárez)
- 3월 말~4월 초 부활절 주간(Semana Santa): 2주간 진행되는 긴 휴일로 멕시코 사람들은 해변이나 아름다운 도시로 떠나 시간을 보낸다.
- 5월 1일 노동절(Día del Trabajador)
- 9월 16일 독립기념일(Día del Independencia)
- 11월 세 번째 월요일 혁명기념일(Día de la Revolución)
- 12월 25일 성탄절(Navida)

‖: Ciudad de México :‖
멕시코시티

episodio # 1

여행자의 _____
___ 공식

두 번째 멕시코 여행은 마치 친정 가는 것 같았다. 다들 멕시코를 어떻게 혼자 여행하느냐며 걱정하지만, 수도인 멕시코시티는 내가 가장 마음 편하게 여행한 도시다.

눈을 감으면 첫 여행 때 다녔던 길들이 그려진다. 멕시코시티에서 가장 큰 거리인 레포르마 대로^{Paseo de la Reforma}를 따라 자주 걸었다. 숙소 바로 앞에 있던 이동식 타코 맛집과 주인아저씨의 미소도 생생하다.

이토록 친숙한 멕시코지만 나에게도 처음부터 이런 모습은 아니었다. 멕시코라는 나라를 떠올리면 척박한 땅에서 인디오들이 사는 모습이 그려졌다. 나를 가장 불안하게 만든 건 당연히 치안이었다. 멕시코를 여행했다간 당장 무슨 일이 일어날 것만 같았다. 첫 여행 때, 남미 대륙 여행을 모두 마치고 멕시코로 넘어가는 일정이었는데 도저히 용기가 나질 않았다. 먼저 멕시코를 여행하고 있는 동생에게 묻고 또 물었다.

"멕시코 괜찮아? 나 레알 무섭다…."

당시 나는 남미여행을 한 지 다섯 달이 훌쩍 넘었고 스페인어도 좀 할 수 있었지만, 멕시코는 다른 레벨이었다. 심장이 쫄깃해지는 두려움이 존재했다. 잔뜩 얼어붙어 있던 내 마음을 녹인 건 멕시코를 먼저 여행한 사람들의 말이었다.

모두가 멕시코를 사랑했다. 멕시코를 여행한 사람치고 그곳을 칭찬하지 않는 사람이 없었다. '도대체 얼마나 좋기에 그래?' 두려움 때문에 멕시코를 포기하기에는 그곳이 너무 궁금했다. 가만 생각해보면 브라질에도 가기 전에는 얼마나 벌벌 떨었나. 브라질에서는 저녁 시간에 혼자 걸어 다니면 다 잡혀가는 줄 알았다.

경험해보지 않았으니 두려움을 느끼는 건 당연했다. 무성한 소문은 잊기로 했다. 내 여행에는 천운이 따르리라 믿었다. 막상 멕

시코에 오자 천운을 운운하던 내 모습이 민망해졌다. 멕시코시티는 큰 도시로서 매력이 가득했고, 작은 도시들은 하품이 슬슬 나올 정도로 평화로웠다.

더 깊숙이 들어가자 인디오 문화와 예술을 느낄 수 있는 흥미로운 것으로 가득했다. 나에게 멕시코는 꼭 가보고 싶지만 동시에 두렵고 용기가 안 나는 여행지였다. 결국 내가 여행을 떠나는 건 두려움보다는 설렘이 좀 더 크기 때문이다.

여행자 떠남의 공식. 설렘 〉 두려움

episodio # 2

여행은 ___
___ 시작됐다

   3년 전 남미여행길에도 에어캐나다^{Aircanada}를 이용했다. 특정 구간은 기내식도 없고 서비스도 좋지 않아서 다시는 이 항공사를 이용하지 않겠다고 마음먹었는데 사람은 쉽게 과거를 잊는다. 또다시 에어캐나다 이코노미석에 앉았다.

   멕시코에 다시 가기 위해 부모님께 남미 여행 때와 똑같은 거짓말을 했다. 캐나다에 있는 조카를 보러 간다는 핑계도 두 번째이면 알고도 속아 주셨으리라. 탑승 전부터 내 관심사는 오로지 기내식이었다. 5시간의 국제선 비행이니 밥을 줄 것 같아 내심 기대했는데 나를 배웅하면서 던진 언니의 말이 떠올랐다.

   '에어캐나다 먹을 것 하나도 안 줘. 애들도 다 사서 먹였어.'

   탑승 전 뭘 좀 사먹을까 잠시 고민했지만 혹시 기내식이 나올지 몰라 경비를 아끼기로 했다. 비행기가 이륙하고 몇 분 후, 승객들은 화장실에 가기 위해 돌아다니고 승무원들도 분주해졌다. 이내 맛있는 냄새가 솔솔 풍겨왔다.

'드디어 기내식 먹을 시간이구나!!'

이때를 기다렸다는 듯 뱃속은 더욱 맹렬히 꼬르륵거렸다. 먼저 비즈니스석에 음료와 기내식이 제공되었기에 차례를 기다렸다. 하필 난 이코노미석 맨 앞줄에 있어서 좌석 틈 사이로 비즈니스석 동태가 빤히 보였다. 그들에게 술과 안주가 무한 서비스되고 있었다.

비즈니스석 승객은 샴페인을 한 잔 마시다가 이내 와인을 마셨고 또 어떤 이는 맥주를 시원하게 들이켰다. 애피타이저가 나오더니 메인 요리에 후식까지…. 승객이 포크를 내려놓으면 승무원은 접시를 치웠고 새로운 음식을 가져왔다. 그들이 계속해서 그릇을 비워내는 동안 이코노미석에는 어떤 기별도 오지 않았다.

설마 했던 일은 현실이 되었다. 비즈니스석 서비스를 마친 승무원이 이코노미석에도 카트를 하나 밀고 왔지만 기내식이 가득 채워져 있는 묵직한 카트가 아니었다. 간절한 눈빛을 보내고 있는 나를 보며 지나가던 승무원이 물었다.

"먹을 것 사시겠어요?"

결국 이코노미석 승객에게 제공된 건 과일 주스나 물 한잔. 커튼 하나로 나뉜 공간에서 환경의 격차를 실감했다. 그렇게 남이 쩝

쩝대며 먹는 소리를 들으며 유쾌하지 않은 비행을 이어갔다. 진짜 비극은 아직 시작도 하지 않았다는 것을 그땐 몰랐다.

캐나다를 벗어나 미국 상공을 날고 있을 때쯤 기체가 조금씩 흔들리기 시작했다. 순간 온몸이 얼어붙었다. 여행을 좋아하는 나는 불행히도 비행 공포증이 있다. 예전엔 없었는데 콜롬비아를 여행하며 생겼다. 보고타^{Bogotá}를 출발해 메데진^{Medellín}으로 가는 40분 비행 동안 기체가 종이비행기 마냥 흔들렸다. 식은땀 나는 시간이 흐르고 무사 착륙했지만, 그 후로 비행기를 타는 게 두려워졌다.

에어캐나다는 울퉁불퉁한 산길을 질주하는 것처럼 덜컹거렸다. 눈앞에서 비즈니스석에 놓인 물 잔이 좌우로 세차게 흔들렸다. 현실을 부정하려고 눈을 꼭 감았지만 소용없었다. 나의 불안감을 배가시킨 건 다름 아닌 승무원이었다.

커튼 안쪽에서 음식을 준비하던 승무원의 실수로 그릇 몇 개가 바닥에 떨어져 탁 소리가 났다. 비행기 바닥이 카펫 재질이라 어느 정도 소음을 차단한 걸 고려해도 귀에 박히는 소리였다. 두려움은 극에 달했다.

아직 멕시코 땅을 밟지도 못했는데 벌써 이렇게 되는 건(?) 너무 억울하지 않은가! 종교는 없지만, 손을 맞잡고 제발 여기서 삶을 끝내지 말아 달라고 기도했다. 괜찮을 거야. 비행기는 가장 안전한 교통수단이라잖아. 이렇게 세게 흔들리는데 추락이라도 하

면? 엄마가 가지 말라고 할 때 말들을 걸 그랬나…?

마음속에 긍정의 천사와 부정의 악마가 번갈아 가며 등장했다. 한번 겁을 먹기 시작하자 손에 땀이 가득 차고 숨이 고르게 쉬어지지 않았다. 안절부절못하자 옆에 탄 승객이 흘끔거리며 내 안위를 살피기 시작했다. 두통이 유발되고 피 말리는 시간이 지나고 다행히 비행기는 멕시코시티의 베니토 후아레스Benito Juárez 국제공항에 무사 착륙했다. 비행기가 완전히 멈추고 나서야 안도의 숨을 뱉어낼 수 있었.

안내 방송으로 특정 구간에서 바람이 무척 셌다는 기장의 목소리가 흘러나왔다. 혹시 연료를 아끼려고 돌아서 가야되는 정해진 비행노선을 포기하고 기꺼이 난기류를 통과해서 온 게 아닌지, 나의 소설이 보태졌다. 불과 몇 분 전까지 살려만 주면 앞으로 착하게 살겠다고 다짐했는데, 무사히 바닥에 내려오니 에어캐나다가 괘씸해졌다. 미국 상공에서 흔들렸으니 미국도 싫어졌다. 밥도 안 주고 공포를 선사한 에어캐나다는 이제 정말 안녕이다.

휴, 카트에서 짐을 찾고 드디어 1년 반 만에 멕시코 땅을 다시 밟았다. 석 달 동안 멕시코에서 얼마나 즐거운 일이 일어나려고 신고식을 호되게 했던 걸까. 긴장의 두근거림이 설렘의 심장박동으로 바뀌는 순간이었다.

episodio # 3

나만 알고 싶은
공 ___ 간

멕시코시티에 도착하자마자 내가 제일 좋아하는 장소를 만나러 출발했다. 바로 멕시코 예술궁전 Palacio de Bellas Artes이다. 궁전 전체가 대리석으로 덮여 있고, 주황에서 황금색으로 퍼지는 돔이 세련미를 더하는 곳이다. 궁전 앞에 정면으로 서면 건물 전체를 한눈에 담을 수 없을 정도로 규모가 어마어마하다.

궁전은 멕시코시티의 상징인 레포르마 대로에서 소칼로 Zócalo 광장 방향 끝자락에 있는데, 넓은 공원과 광장 덕분에 늘 사람이 끊이질 않는다. 주말에는 말 그대로 엄청난 인파가 몰린다. 이곳은 나와 특별한 인연이 있는 장소이기도 하다. 2015년 6월, 중남미 여행의 마지막 나라였던 멕시코에서 동행들과 남미 음악에 맞춰 춤을 췄던 곳이, 바로 멕시코 예술궁전 앞이었다.

궁전의 외관을 올려다보다 건물 안으로 들어갔다. 2층과 3층 복도에는 사람을 압도하는 거대 벽화들이 있다. 멕시코 대표 화가 디에고 리베라 Diego Rivera의 작품뿐만 아니라 멕시코에서 벽화로 명성을 떨쳤던 화가들의 것도 여럿 있다.

벽화는 멀리서 감상하거나 걸어가며 봐야 할 정도로 크다. 큰

화폭 안은 다양한 이야기들로 가득하고 벽화 속 인물들은 나를 마구 끌어당기는 듯 생생했다. 중간중간 벤치가 마련되어 있어 앉아서 오랫동안 작품을 바라볼 수 있었다. 역시 예술궁전은 매번 입장료가 아깝지 않다.

그나저나 아까부터 나에게 스페인어로 말을 걸어오는 한 남자가 있다. 멕시코에서는 눈을 마주치면 '올라Hola~'하고 웃으며 인사를 하는데, 그는 계속해서 내게 말을 걸어왔다. 스페인어를 쓰긴 했지만 멕시코 사람 같지는 않았다. 내가 큰 벽화를 감상하고 있을 때도 뒤통수가 짜릿해서 돌아보면 그가 멀리서 나를 쏘아보고 있었다. 하. 이놈의 인기란. 아쉬운 대로 철수한다. 멕시코 예술궁전을 제대로 볼 수 있는 나만의 장소로 이동했다.

궁전에서 빠져나와 큰 광장 앞에 놓인 도로를 건너 맞은편에 있는 세아스Sears 백화점으로 들어갔다. 8층에 다다르니 전망 좋은 자리에 카페Café Don Porfirio가 하나 눈에 들어왔다. 익숙하게 직원들에게 인사하고 테이블이 놓인 테라스로 갔다. 멕시코 예술궁전을 한눈에 내려다볼 수 있는 최적의 공간이다.

지상에서는 잘 보이지 않는 예술궁전의 황금색 돔이 밝게 빛났다. 커피와 간단한 디저트를 주문하고 다양한 각도로 아름다운 궁전의 모습을 카

Ciudad de México _ 45

메라에 담았다. 옆 테이블에 있는 미국 아줌마에게 쓱 다가가 사진을 찍어 달라고 부탁했다. 본디 외국인에게 사진을 부탁할 때는 잘 나오기를 기대하면 안 된다. 프레임에 내 목을 자르지 않고 몸통을 다 넣어서 찍어준 것만으로도 감사했다.

 이내 따뜻한 아메리카노와 먹음직스러운 디저트가 나왔다. 카페 분위기도 참 좋고 전망도 예술인데 매번 커피가 너무 맛이 없고

그 흔한 와이파이도 안 된다. 인터넷에만 빠지지 말고 아름다운 궁전을 마음껏 구경하라는 좋은 의미로 해석해본다. 잠시 휴대폰을 내려놓고 챙겨 나온 일기장을 꺼내 글을 쓰며 감상에 젖었다. 예술궁전은 낮에도 충분히 아름답지만, 밤에 방문하면 한층 더 낭만적인 궁전과 멕시코시티의 야경을 즐길 수 있다.

멕시코 예술궁전(Palacio de Bellas Artes)

주소 Avenida Pino Suarez, Corregidora esquina Guatemala, Zócalo, 06050 Ciudad de México, México.
개방시간 화~일 10:00~17:00, 월요일 휴무.
입장료 60페소, 일요일 무료(붐빔 주의!) 사진 촬영비 별도 30페소.
찾아가기 메트로 2호선 · 8호선 베야스 아르테스(Bellas Artes)역. 소칼로 광장에서 도보 15분.

episodio # 4

강렬함의 극치,
—— 멕시코 벽화

멕시코 미술에는 어떤 특징이 있을까. 멕시코 대표 여성화가인 프리다 칼로$^{Frida\ Kahlo}$나 멕시코 미술의 거장 디에고 리베라를 떠올렸다면 선방했다. 아무것도 몰라도 좋다. 멕시코 벽화 하나만 봐도 이 나라의 미술과 역사를 생생하게 느낄 수 있으니까. 벽화 안에 있는 사람들이 당장이라도 뛰쳐나올 듯 강렬한 인상을 풍기는 멕시코 벽화는 세계적으로 인정받는 예술이다.

스페인어로 벽화를 무랄^{Mural}이라고 한다. 1920년대에 멕시코 벽화운동^{Muralismo}이 일어났는데, 멕시코 정부의 후원을 받고 계획적으로 시작됐다. 멕시코혁명 이후 수립된 정부는 외세를 멀리하고 민족 자부심을 고취하려는 일환으로 벽화운동을 택했다. 문맹률이 높았던 멕시코에서 혁명의식을 일깨우기 위해서는 글보다는 그림이 효과적이었을 것이다. 현재도 멕시코시티 지하철 역사 안의 노선도에는 해당 역의 상징적인 그림이 크게 그려져 있고 지명은 작은 글씨로 표기돼있다.

'알라메다 공원의 일요일 오후의 꿈
(Sueño de una Tarde Dominical en la Alameda Central)' 中 일부분
_디에고 리베라 作

1921년 당시 교육부 장관이었던 호세 바스콘셀로스^{José Vasconcelos}는 예술장려책의 일환으로 공공건물의 벽에 벽화를 그리게 했다. 당대 저명한 화가들을 초청했는데 이때 가장 두드러진 화가가 바로 디에고 리베라, 다비드 알파로 시케이로스^{David Alfaro Siqueiros}, 호세 클레멘테 오로스코^{José Clemente Orozco}이다. 세 사람은 멕시코 대표 화가이자 멕시코 벽화운동에 중요한 역할을 했다.

이들은 벽화에 당시 멕시코가 안고 있던 부패, 계급 갈등, 삶의 부조리한 모습까지 사실적으로 묘사했다. 단 한 문장의 글 없이도 멕시코의 식민지 시대, 독립과 혁명의 역사가 적나라하게 드러났다. 이로 인해 당시 벽화운동은 멕시코 사회에 큰 파급력을 미쳤다.

멕시코 역사를 잘 알지 못하는 사람도 이 벽화를 마주하면 삶의 부조리나 독립에 대한 열망으로 가슴 뜨거워진다. 그만큼 멕시코 벽화는 사실적이고 강렬하다. 이처럼 멕시코 예술을 이해하는 쉽고 재미있는 방법은 멕시코 공공시설에 있는 벽화를 찾아가는 것이다.

episodio # 5

타코와 팔로마
그리고 자장면 ___

✓ 인생 타코

    멕시코의 대표 음식인 타코가 가장 맛있는 곳은? 음식의 고장 와하카? 원주민 비율이 높은 산크리스토발? 신기하게도 내 입맛에는 멕시코시티에서 먹은 타코가 가장 맛있더라. 멕시코는 한반도의 9배 면적에 달할 정도로 큰 영토를 가진 나라이니 타코를 만드는 방법도 가지각색이다.

    가장 맛없고 불만이었던 타코를 먹은 곳은 고기만 잔뜩 넣어주고 채소를 별로 얹어주지 않아, 타코를 한입 베어 물었을 때 퍽퍽하기만 했다. 고기가 많이 들어가니 다른 이들은 좋아할지 모르겠으나 난 양파나 고수가 팍팍 들어간 타코가 좋다.

    멕시코시티에서도 가장 맛있는 타코를 먹었던 곳은 점심때만 되면 숙소 앞에 나타나는 이동식 타케리

아 Taquería(타코를 파는 가게)였다. 호스텔에서 조식을 먹고 시간이 좀 지나 배가 슬슬 꺼질 때면 어김없이 숙소 밖으로 나갔다. 인상 좋은 주인아저씨와 아들로 보이는 두 사람이 나를 반갑게 맞이했다.

소고기, 돼지고기, 양고기, 소시지 등 원하는 고기를 선택하면 채소와 함께 따끈한 토르티야에 올려서 내어준다. 타코와 함께 곁들일 살사는 따로 준비되어 있어서 원하는 만큼 접시에 담아도 된다. 타코 한 개를 주문하면 토르티야를 두 개 주는데 그 위에 고기를 잔뜩 쌓아주기 때문에 내용물을 반으로 갈라서 두 장의 타코를 먹을 수 있다. 여러 가지 타코 중 하나를 주문하면 우리 돈으로 700원 정도. 보통 나는 두 가지 맛을 주문하는데 결국 네 장의 타코를 먹는 셈이다. 고기와 채소, 살사가 잔뜩 들어간 타코 네 장을 먹고 나면 그처럼 든든하고 저렴한 한 끼가 세상에 없다.

값싸고 맛있는 타코지만 계속 먹다 보면 질릴 때가 있는데, 그땐 해산물 타코를 먹으러 코요아칸Coyoacán에 가면 된다. 먹음직스러운 새우 타코를 주문했는데, 일반 타코와는 다르게 튀긴 토르티야 위에 소를 담아서 내어줬다. 아삭한 식감의 토르티야에 신선한 채소와 새우가 어우러져 훨씬 고급스러운 맛이 났다. 한 개에 40페소 (약 2400원)라서 알뜰한 여행자인 난 두 번 먹진 못했지만.

✓ 살룻(Salud)!

2017년 1월 28일, 캐나다를 거쳐 (난기류를 뚫고) 멕시코시티에 입성한 날. 새벽 2시에 숙소에 도착했기에 그날은 푹 잤다. 늦은 오후가 되어서야 멕시코시티에 사는 동생 수정이를 만나러 한인촌이라 불리는 소나 로사Zona Rosa에 갔다. 1년 반 만에 본 동생이었지만 단 며칠 만에 보는 듯했다. 수정이도 '언니가 쭉 멕시코시티에 있었던 것만 같아.'라고 하는 걸 보니 우리 둘 다 멕시코와 잘 어울리는 사람들인가 보다.

"언니, 팔로마Paloma 마셔봤어?"
"아니, 안 마셔봤지."
"난 멕시코 친구들이랑 놀 때 주로 이걸 마셔."

그렇게 주문하게 된 팔로마는 멕시코에서 가장 사랑받는 칵테일이란다. 테킬라나 코로나가 대외적으로 널리 알려진 멕시코의 대표 술이라면 팔로마는 현지인들이 즐겨 마시는 술인 것이다. 우리나라로 치면 소맥 정도?

수정이는 찰진 스페인어로 테킬라와 라임 주스를 주문했다. 약간의 테킬라에 얼음이 가득 담긴 긴 잔이 나오자 동생의 손이 분주해졌다. 라임소다를 컵의 적정선까지 채운 후, 라임을 꾹꾹 눌러 짰다. 시큼한 라임즙이 잔 속으로 한 방울씩 똑똑 떨어졌다. 동생은 성에 차지 않았는지 추가로 라임을 더 달라고 했고 아낌없이 라임을 쥐어짰다. 컵 가장자리에 소금을 묻히는 건 개인의 취향. 잔을 높게 들고 수정이와 살룻(건배)!

달콤하면서도 청량한 팔로마는 목 넘김이 좋았다. 맛이 좋아 홀짝홀짝 비워내니 무려 큰 잔으로 여섯 잔이나 마셔버렸다. 술값도 900페소가 넘게 나왔지만 외출할 때는 큰돈을 가지고 다니지 않아 주머니에 있던 돈을 다 털어 동생에게 444페소를 건넸다. 동생과 작별하고 취기를 뿜으며 레포르마 대로를 따라 숙소로 향했다. 내가 온통 좋아하는 것들의 집합체. 멕시코와 수정이 그리고 팔로마. 시작이 좋으니 앞으로의 여행도 '술~술~' 풀릴 것 같다.

✓ 자장면 맛집

남미에서 먹는 한식은 비싼 편이다. 나라고 왜 여행 중 한식이 그립지 않겠나. 현지에서 두 끼 해결할 식사비용으로 한식을 먹을 용기가 없었을 뿐이다. 그 생각은 멕시코시티에 가며 바뀌었다. 멕시코시티에서 한식을 먹지 않는 건 명백한 손해이며 특히 이제는 한식이라고 불려야 마땅한 자장면은 꼭 맛봐야 한다. '에? 멕시코까지 가서 자장면이라고?' 그렇다.

〈송림〉을 처음 접한 건 멕시코시티를 처음 여행한 2015년이었다. 한국 친구들과 예술 궁전 앞에서 난생처음 한 플래시몹을 성공적으로 마치고 우리는 밥을 먹기 위해 〈송림〉에 갔다. 자장면과 볶음밥, 탕수육 등을 다양하게 주문하고 음식을 나눠 먹었는데 세상에. 이토록 맛있는 탕수육이 멕시코시티에 있었다니. 적당한 튀김옷을 입은 돼지고기는 달콤한 소스를 만나 입에 착착 붙는 식감을 만들어냈다. 자장면 또한 한국에서 먹던 것과 비교해도 〈송림〉이 승자였다. 이곳 한식의 맛을 알고 난 후로 나는 점심때만 되면 자석에 이끌리듯 소나 로사

로 향했다. 자장면 한 그릇 배불리 먹고 산책하며 숙소로 돌아오는 게 내가 멕시코시티에서 가장 좋아하던 일이다.

〈송림〉에만 안주할 수는 없는 법. 소나 로사의 한식 수준을 알았으니 다른 중국집 탐방도 게을리할 수 없었다. 동행하던 언니와 함께 〈하림각〉에 갔고 신중하게 메뉴를 고민했다. 칼칼한 짬뽕 국물도 당겼고 포근포근한 볶음밥도 먹고 싶어 볶짬면을 주문했다. 콜라가 서비스로 나온 걸 보자 박수를 치지 않을 수 없었다. 주변에는 멕시코 학생 여럿이 휴대폰으로 케이팝(K-POP, 해외에서 인기 있는 한국의 대중음악)을 시청하며 음식을 기다리고 있었다.

이내 메인메뉴 등장. 산더미처럼 쌓인 볶음밥과 모락모락 김이 나는 짬뽕 안에는 각종 해산물이 가득했다. 반+반=1인분이 아니라 1+1=2인분이 나온 것이다. 게다가 아낌없이 자장 소스까지! 어떤 순서로 먹어도 맛있는 것 천지였다. 콧등에 면발을 튕겨가며 면을 호로록 빨아들였고 포근한 밥 한술을 입안 가득 넣고 기분 좋게 오물거렸다. 정말 열심히 먹었지만 남길 수밖에 없을 정도로 실로 엄청난 양이었다. 배고픈 여행자를 웃게 해주는 자장면 맛집들 덕분에 멕시코시티는 언제나 기분좋은 곳으로 기억된다.

episodio # 6

여행이 늘 ___
즐거운 건 아니야

멕시코시티에는 늘 찾는 고향 같은 숙소가 있다. 침대의 시트 색깔이 바뀔지언정 아늑함은 그대로인 곳.

멕시코에 온 지 사나흘쯤 됐을까. 고민이 생겼다. 숙소에서 만난 여러 나라 친구와 대화하려고 하니 선뜻 영어가 나오지 않았다. 차라리 잘 못해도 덜 창피한 스페인어로 말하는 게 낫겠다고 생각했지만 현지인이 아닌 다국적 여행자들과 대화할 때는 영어가 기본이었다. 머릿속에 단어들이 나열됐지만 그것들이 올바른 어순인지 확인하고 최종적으로 입으로 내뱉기까지는 시간이 걸렸다. 특정 발음을 할 때는 나사 하나가 빠진 것처럼 유독 버퍼링이 걸리기도 했다. 그런 일이 반복되자 친구들과 대화 나누는 것이 주저되었다. 게다가 여행자의 단골 질문 때문에 나는 한층 더 괴로워졌다.

여행자들의 단골 질문.

✓ 어디에서 왔니?

✓ 얼마나 여행했니?

✓ (대화가 깊어지면) 한국에서는 무슨 일을 했니?

　3번 질문을 하는 사람을 만나면 난감했다. 한국에서 영어를 가르쳤다고 말하는 것은 무척이나 괴로웠다. 게다가 그 말을 미국이나 영국에서 온 친구 앞에서 하게 되는 날은 더더욱….

　저녁에 일찍 숙소로 돌아와 휴게실에서 노트북을 보며 잠시 쉬는 시간을 보냈고, 여행자들도 삼삼오오 모이기 시작했다. 미국에서 왔다는 한 친구와 즐거운 이야기가 오갔다. 대화를 부드럽게 이끌어주는 매너가 좋은 친구였지만 내가 내뱉는 영어에 신경 쓰느라 그의 말에 제대로 집중할 수 없었다.

　게다가 친구의 말을 잘 이해하지 못했으면서 고개를 끄덕이거나 적당히 웃고 넘어가는 나를 발견하자 점점 친구들과 대화하는 것이 두려워졌다. 한 대만 여자애와 다른 친구들도 우리의 대화에 합류했다. 그녀의 발음은 내가 알아듣기 힘들 정도로 특이했지만 다른 영어권 친구들과 대화하는 데 전혀 문제없어 보였다. 당당하게 말하고 친구들과 잘 어울리는 그녀를 보자 더 주눅이 들었다.

친구들과 함께 웃고 떠드는 시간이 따뜻하고 좋으면서도 혼자이고 싶었다. 적당히 대화를 끝맺음하고 방으로 올라가 버렸다. 외출을 마치고 돌아온 친구들이 방 안에서 나를 반갑게 맞이했다. 그래도 방에 있는 친구들과는 짧게나마 대화를 나눠 본 적 있기에 마음이 편했다. 가장 먼저 친해졌던 호주에서 온 친구와 인사를 나눴다. 여행자의 대화는 정말 뻔하다.

"오늘 하루 어땠어?"
"진짜 좋았어. 프리다 칼로 박물관에 다녀왔어."

어디에 갔고 뭘 했는지 묻고 답하는 이야기가 오갔다. 그때 독일에서 온 친구가 대화에 동참했다. 조금 있자 미국에서 온 여자애가 말을 보탰고 조금 더 지나자 캐나다에서 왔다는 친구가 새롭게 우리 방에 입실했다. 대화는 자라고 자라더니 결국 나를 제외한 이 방의 모든 투숙객이 이야기꽃을 피우게 되었다.

간간히 리액션만 하던 나는 이내 완전히 대화에서 빠져버렸다. 다른 나라 친구들과도 격이 없이 어울리는 내 모습을 상상했지만 실제로 그렇지 못하자 당황스러웠다. 그녀들을 물끄러미 바라봤다. 어느 순간부터는 도대체 그녀들이 무슨 주제로 이야기를 하는 지조차 따라잡을 수 없게 되었다.

일찍 씻고 잠을 청하자는 결론이 났다. 침대에 누워 가만히 되돌아봤다. 나는 사람들과 대화하는 방식에 있어 왜 이렇게 서툴까. 누구도 내 영어 문법이나 발음에 신경 쓰지 않았을 것이다. 친구들은 오로지 내가 하는 말의 내용에만 집중했다. 가끔 "나는 영어가 좀 서툴러."라고 말하면 친구들은 "괜찮아, 쥬디. 천천히 말해 봐."라며 기다려주었다. 슬그머니 눈치를 보다가 대화를 빠져나오고 누가 권하지도 않은 외로움을 독식한 건 나 스스로 행한 일이다.

혼자 하는 여행에서 다른 여행자와의 대화는 정말 소중하다. 여행 정보를 나누는 것은 둘째로 친다. 낯선 여행지에서 문득 혼자가 아님을 느낄 수 있다. 외롭다가도 타인과 잠시 나누는 대화만으로 마음이 따뜻해진다. 먼저 말을 걸어주기라도 하면 고맙고 뭉클하기까지 한다. 소극적으로 구는 건 그날이 마지막이라고 굳게 마음먹었다. 그런 식으로 여행을 지속할 수는 없지 않은가.

다음부터 누군가가 직업을 물어보면 난 글을 쓴다고 했다. 영어강사라고 말하는 것보다는 확실히 부담이 덜 했다. 시간이 지나면서 다른 여행자들과 어울리는 방법도 다시 익히기 시작했다. 영어가 모국어인 친구들 앞에선 주눅 들고 그게 아닌 친구들 하고만 대화를 나눴던 것도 반성했다. 먼저 다가가 말을 걸고 대화를 나누다 보니 조금씩 자연스러워지고 자신감도 생겼다. 잠시 잊었던 거다. 처음에는 서툰 게 당연하다는 것을.

멕시코 사람들은 벽화를 통해 그들의 삶을 표현하고 메시지를 전한다. 그런 이유로 벽화는 그 나라의 또 다른 언어라고 할 수 있다. 다양한 색채와 역동적인 인물들, 거대한 크기가 이목을 집중시킨다. 돌려 표현하지 않는 멕시코 벽화의 매력에 빠져보자.

멕시코 벽화를 보러 가자!

디에고 리베라 벽화 박물관
Museo Mural Diego Rivera _ 멕시코시티

'알라메다 공원의 일요일 오후의 꿈'은 디에고 리베라의 유명한 작품이다. 높이 4미터, 폭이 16미터에 가까운 이 대형 벽화는 꼭 볼 만한 가치가 있다. 멕시코 역사에 주요한 영향을 끼친 인물들이 벽화에 빼곡히 들어가 있어서 작품 앞에 설치된 설명서를 읽으면서 캐릭터를 알아가는 재미를 느낄 수 있다.

주소 Calle de Balderas, Colonia Centro, Centro, 06000 Ciudad de México, México. **개방시간** 화~일 10:00~18:00, 월요일 휴무. **입장료** 30페소, 일요일 무료. 촬영비 별도 5페소. **찾아가기** 메트로 2·3호선 이달고(Hidalgo)역에서 도보 3분. 소칼로 광장에서 도보 30분.

멕시코 예술궁전 Palacio de Bellas Artes _ 멕시코시티

멕시코 벽화에서 가장 두각을 나타낸 세 화가(리베라, 시케이로스, 오로스코)의 작품 모두 만날 수 있는 곳이다. 일정이 넉넉하지 않은 여행자에게 제격이다. 벽화를 보기 위해 꼭 한 곳을 가야 한다면 여지없이 이곳을 추천한다.

주소 Av. Juárez, Centro Histórico, 06050 Ciudad de México, México. **개방시간** 화~일 10:00~17:00, 월요일 휴무. **입장료** 60페소, 일요일 무료(붐빔 주의). 사진 촬영비 별도 30페소. **찾아가기** 메트로 2호선, 8호선 베야스 아르테스역. 소칼로 광장에서 도보 15분.

멕시코 국립궁전

Palacio Nacional _ 멕시코시티

대통령 집무실인 궁전 2층에는 사람을 단숨에 압도하는 거대 벽화가 있다. 원주민의 부흥과 스페인의 침략, 멕시코 독립 투쟁에 관해 그린 디에고 리베라의 작품이다. 국립궁전 안에는 벽화뿐 아니라 수준급의 작품이 있는 전시실이 많으니 넉넉잡고 돌아보자.

주소 Avenida Pino Suarez, Corregidora esquina Guatemala | Zócalo, 06050 Ciudad de México, México. **개방시간** 화~일 09:00~17:00, 월요일 휴무. **입장료** 신분증, 여권(신분증 복사본 불가!) 소지 시 무료입장 가능. **찾아가기** 메트로 2호선 소칼로(Zócalo)역에서 도보 5분.

과달라하라 주 정부청사

Palacio de Gobierno del Estado de Jalisco _ 과달라하라

과달라하라에서 태어난 오로스코의 거대 벽화 작품인 '일어나라 이달고(Hidalgo)'를 만날 수 있다. 이달고 신부는 멕시코에서 아주 중요한 인물인데, 그로부터 멕시코 독립운동(1810)이 시작됐기 때문이다. 신부의 독립에 대한 강한 의지가 느껴지는 엄청난 규모의 벽화로 1937년에 제작됐다.

주소 Av Ramón Corona 31, Zona Centro, 44100 Guadalajara, Jalisco, México. **개방시간** 월~금 09:00~19:00 **입장료** 무료. **찾아가기** 과달라하라 아르마스 광장(Plaza de Armas) 맞은편.

멕시코시티의 정식 명칭은 씨우다드 데 메히꼬(Ciudad de México)이다. 해발 2,240미터에 자리한 멕시코의 수도 멕시코시티는 인구 2,000만 명 이상이 거주하는 대도시이다.
도시 곳곳에서 과거 아스테카 문화의 흔적을 찾을 수 있으며 세계 최고 수준의 미술관과 박물관 또한 큰 즐거움이다. 호수 위에 세워진 거대한 이 도시는 정치, 문화, 경제의 중심지이자 여행자들에게는 볼 것 많고 할 것 많은 곳으로 통한다. 단, 대기오염이 심해 공기가 좋지 않으니 참고!

멕시코시티 가볼 만한 곳 BEST 5

소칼로 광장 Plaza de Zócalo

멀리서도 보일 정도로 거대한 멕시코 국기가 위용 있게 휘날리는 곳. 소칼로 광장은 멕시코시티의 랜드마크다. 진짜 멕시코시티를 느끼고 싶다면 소칼로 광장부터 가시라. 건물 대부분은 스페인에 지배받을 당시 건축된 바로크 양식으로, 유럽 분위기가 물씬 풍긴다. 수도의 주요 행사나 각종 이벤트, 주말에는 큰 시장이 열리기도 한다.

세월의 무게를 이기지 못해 기울어져 가는 메트로폴리타나 대성당(Catedral Metropolitana)과 대통령 집무실이자 디에고 리베라의 벽화가 있는 국립궁전 등이 핵심 볼거리이다. 또한 아스테카의 중앙 신전이었던 마요르 신전(Templo Mayor)도 광장에서 도보 5분 이내다. 멕시코시티의 도심 한가운데서 아스테카 문명의 흔적을 엿볼 수 있다.

주소 Plaza de la Constitución S/N, Centro Histórico, Centro, 06010 Ciudad de México, México.
찾아가기 메트로 2호선 소칼로(Zócalo)역.

테오티우아칸 Teotihuacán

'신들이 창조한 도시'로 불리는 테오티우아칸은 멕시코시티에서 약 50킬로미터 떨어진 곳에 있다. 주요 루트는 켓살코아틀(Quetzalcoatl) 신전을 둘러본 후, 죽은 자의 거리(Calzada de los Muertos)를 따라 이동한다. 그러고 나서 태양의 피라미드(Pirámide del Sol)와 달의 피라미드(Pirámide de la Luna)에 올라가는 것이다. 특히 65미터에 달하는 태양의 피라미드는 중남미 대륙에서 가장 큰 규모의 피라미드이다.

피라미드 꼭대기에 오르면 고생한 여정을 보상받듯 탁 트인 전망과 아름다운 풍경을 볼 수 있다. 테오티우아칸은 규모가 엄청나다. 그늘 하나 없는 거대 유적지를 오래 걷거나 높은 피라미드에 올라야 한다. 대부분 더운 날씨에 해발 2,200미터가 넘는 고원이므로 하루 일정을 완전히 투자해서 여유 있게 다녀오는 것이 좋다.

주소 Ecatepec Pirámides km.22 600, Municipio de Teotihuacán, Estado de México, C.P. 55800, México. **개방시간** 09:00~17:00 **입장료** 70페소. **찾아가기** 메트로 5호선 아우또부세스 델 노르떼(Autobuses del Norte 북부터미널)역에서 테오티우아칸 버스 탑승(왕복 100페소).

국립인류학 박물관 Museo Nacional de Antropología

차풀테펙 공원 안에 있는 박물관으로 세계 최고 수준의 방대한 고대유물을 만날 수 있다. 입구에서 시선 강탈하는 우산 모양의 마야식 분수는 마야의 우주관을 보여준다. 마야, 아스테카, 톨테카 문명 등 멕시코 각지의 고고학적 유물과 귀중한 자료를 전시하고 있으며, 독특한 디자인의 현대적인 건축물도 큰 볼거리이다. 반나절을 둘러봐도 다 못 볼 정도로 규모가 크니 큰맘 먹고 방문하자. 박물관에 별로 관심이 없다면 짧게 훑어보거나 근처의 차풀테펙 성이나 동물원으로 걸음을 옮겨도 좋다.

주소 Av Paseo de la Reforma & Calzada Gandhi S/N, Chapultepec Polanco, Miguel Hidalgo, 11560 Ciudad de México, México. **개방시간** 화~일 09:00~19:00, 월요일 휴무. **입장료** 70페소(일요일은 현지인 무료입장으로 다소 혼잡). **찾아가기** 메트로 7호선 아우디토리오(Auditorio)역 또는 1호선 차풀테펙(Chapultepec)역에서 도보 15분.

과달루페 성당 Basílica de Guadalupe

세계 3대 성모 발현지로 검은 마리아를 볼 수 있는 곳이다. 압도적인 규모와 멋진 신·구 예배당들이 눈길을 끌어 가톨릭 신자가 아니어도 방문하기에 좋다. 하루에도 수천 명의 사람이 몰려들 정도로 현지인들에게는 가장 신성한 장소, 관광객에게는 독특한 분위기를 느낄 수 있는 곳이다.

주소 Plaza de las Américas 1 Col. Villa de Guadalupe, 07050 Ciudad de México, México. 개방시간 06:00~21:00(18:00 이후에는 예배당 몇 곳이 문을 닫음). 찾아가기 메트로 6호선 라 비야 바실리카(La Villa–Basílica)역.

프리다 칼로 박물관 Museo Frida Kahlo

양쪽 사이가 맞닿은 진한 눈썹에 앙다문 입. 그림에 조금이라도 관심 있는 사람이라면 한 번쯤 프리다 칼로 자화상을 본 적 있을 것이다. 프리다 칼로는 멕시코 출신의 여성 화가이자 멕시코 민중벽화의 거장 디에고 리베라의 아내이다. 프리다 칼로 박물관은 작가의 생가이기도 한데, 파랗게 칠해진 건물 때문에 파란집(Casa Azul)으로 불린다.

파란집에는 작가의 작품이 많지는 않으나 아름답게 꾸민 덕분에 많은 여행객이 찾는다. 홈페이지에서 예약하고 가면 비교적 빨리 입장할 수 있지만, 그렇지 않으면 엄청나게 긴 줄 끝에 합류해야 한다. 박물관 관람을 마쳤다면 근처 코요아칸(Coyoácan)에 들러 쇼핑을 즐기거나 산책하는 것도 좋다.

주소 Calle Londres 247, Col. Del Carmen, Coyoácan, 04100 Ciudad de México, México. 개방시간 화, 목~일 10:00~17:00, 수 11:00~17:30. 휴무 월요일, 1월 1일, 3월 21일, 5월 1일, 9월 16일, 12월 14일, 12월 24일(10:00~14:00), 12월 25일, 12월 31일(10:00~14:00). 입장료 평일 200페소, 주말 220페소, 사진 촬영비 별도 30페소. 찾아가기 메트로 3호선 코요아칸(Coyoácan)역에서 도보 20분. 홈페이지 www.museofridakahlo.org.mx

‖: Guanajuato :‖
과나후아토

episodio #7

인생사진을
____ 건지고 싶다면

멕시코시티에서 과나후아토로 가는 여정은 지루할 틈이 없다. 산등성이마다 컬러풀한 집이 빼곡히 들어서 있고 황금빛 초원 사이로 도로가 시원하게 뻗어있다. 창밖을 내다보며 즐거운 5시간 여정의 끝에 다다르면 골짜기를 가득 메운 알록달록한 집들이 나타난다.

과나후아토는 17~18세기 세계 은 생산량의 60% 이상을 차지한 부자 동네였다. 마을에 있는 호화스러운 극장이나 성당들을 보면서 과거의 부유함이 어느 정도였을지 상상해본다. 평화로우면서도 매일같이 몰려드는 관광객으로 시끌벅적한 활기를 띠는 과나후아토를 제대로 만끽하고 싶다면 주저할 것 없이 전망대로 향하면 된다.

마을 중심부에 자리한 피필라 전망대 Monumento al Pípila는 짧은 시간에 올라 극적인 경관을 맞이할 수 있는 곳이다. 전망대에서 과나후아토 시내를 한눈에 내려다볼 수 있는데, 그 전경이 무척 아름다워 많은 사람이 찾는다. 낮부터 일몰, 야경까지 과나후아토의 눈부신 풍경을 놓칠 리 없는 여행자들로 피필라 전망대는 늘 북적인다.

전망대에서 과나후아토 센트로 풍경을 양껏 찍고 나자, 이 멋진 전경과 나를 카메라에 담아줄 사람이 필요했다. 본디 인생사진은 이런 곳에서 건져야 한다.

"올라! 좋은 아침이에요. 사진 한 장 찍어줄 수 있나요?"
"물론이죠!"

포즈를 취하고 난 후 사진을 받아들었다. 이번만큼은 내가 이 풍경의 주인공이 되고 싶었지만, 그녀가 찍어준 사진에서 나는 모서리에 아슬아슬하게 걸쳐있었다. '남는 것이 시간인데 내일 또 오지 뭐.'

다행히도 호스텔에서 만난 중국인 친구 비키와 함께 다시 피필라 전망대에 오를 수 있었다. 첫 방문 때의 한을 풀 듯 이번에는 내 사진을 많이 남겼다. 내가 포즈를 취하면 그녀는 다양한 각도에서 사진을 찍어주었고, 나 또한 그녀의 인생사진을 잔뜩 건져줬다. 손발이 척척 맞는 동행을 만나니 마음에 쏙 드는 사진이 하나둘 늘어갔다.

혼자 왔을 때는 해가 지기 전에 서둘러 하산했지만, 이날은 든든한 동행이 있으니 좀 기다렸다가 일몰을 보고 내려가기로 했다. 태양은 오늘 안에 지기 싫은 것처럼 서서히 움직였다. 뉘엿뉘엿 저

물어 가면서도 하늘에 다양한 색을 흩뿌렸다. 심장이 타오르는 듯 붉은색도 있고 희미하게 보랏빛도 보였다. 전망대에 있는 사람들이 아련한 표정으로 한 곳을 바라본다.

 아름다운 일몰을 조금이라도 더 붙잡고 싶으면서도 한편으로는 어서 태양이 사라지기를 바랐다. 붉은 태양이 산등성이 너머로 완전히 사라지자 전망대에 있던 사람들이 일제히 자리를 털고 일어났다. 우리 둘 다 배가 몹시 고팠지만 조금만 더 있다가 가기로 했다. 본래 일몰은 태양이 지기 전이 아닌, 태양이 넘어가고 나서가 더욱 예쁜 법이니까. 태양이 뿜어내던 다양한 색이 점차 흩어지고 희미해지더니 마침내 과나후아토에 아름다운 밤이 찾아왔다.

episodio #8

화관을 쓰는
_____ 마을

"센트로에 어떻게 가나요?"
"지금 오는 저 버스를 타세요."

현지인이 알려준 대로 산미겔 데 아옌데^{San Miguel de Allende, 이하 산미겔} 시내로 들어가는 버스에 올랐다. 버스는 잘 탔어도 목적지에 잘 내리기 위해서는 또 한 번 현지인의 도움이 필요하다. '~에 도착하면 저에게 알려줄 수 있어요?'라는 스페인어 문장을 통으로 암기하고 다녔지만 내 스페인어 실력을 뽐내기도 전에 센트로에 다다랐다는 것을 알았다. 버스 승객 대부분이 하차하는 곳. 바로 내가 내릴 곳이었다.

오랜만에 시끌벅적한 거리를 걷고 싶어 일요일에 갔더니, 산미겔에는 마치 축제라도 열린 것 같았다. 따뜻한 햇볕이 내리쬐는 화창한 날씨에 걸맞게 사람들의 발걸음도 활기찼다. 주말 성수기를 노리는 현지 상인들은 수 십장의 밀짚모자를 머리에 이고 다녔다. 형형색색 풍선을 든 상인 앞으로 아이들이 그냥 지나치지 못하고 걸음을 멈췄다 갔다.

분위기를 타고 신이 난 나의 걸음을 돌려세운 건 진하게 풍겨오던 꽃 냄새였다. 광장 한편에 꽃이 무더기로 쌓여 있었다. 자세히 보니 상인들이 앉은 자리에서 화관을 만들어 팔고 있었다. 그렇지 않아도 궁금했는데, 거리에서 본 여자들이 하나같이 머리에 화관을 쓰고 있었다. '이곳을 여행하는 방법인가? 유행인가?' 이유야 어찌 됐든 나도 예쁜 화관을 쓰고 싶어 홀린 듯 상인들 앞에 멈춰 섰다.

생화를 기본으로 조화를 약간 섞어서 만드는데, 멕시코 여자들의 손기술이 어찌나 좋은지 딱 하나를 고르기에는 예쁜 것 천지였다. 다들 자기를 선택해 가라며 한껏 뽐내고 있는 모양새였다. 이왕 사는 건데 작은 왕관은 좀 시시하고 그렇다고 크고 화려한 걸 쓰자니 머리가 무거울 것 같다. 적당히 크고 예쁜 화관을 50페소에 구입한 후 머리에 안착시켰다. 마을의 공주가 된 기분으로 모델이 런웨이를 걷듯이 가뿐하게 걸음을 돌렸다.

한국 여행자에게는 잘 알려지지 않았지만, 산미겔은 이미 세계적으로 인정받은 도시이다. 세계적인 여행 잡지『콘데나스트 트레블러Condé Nast Traveler』가 2013년에 발표한 '세계 10대 아름다운 도시' 리스트에서도 1위를 차지했다. 이탈리아의 피렌체와 헝가리의 부다페스트보다도 상위이다.

산미겔의 도심은 식민지 시대의 건축물들이 잘 보존되어 있고,

특히 자갈로 된 길과 예스러운 건물이 아름답다. 이런 특성 때문인지 산미겔에는 예술가가 많이 거주한다. 이 구역이 유네스코 세계문화유산으로 지정된 것은 놀랄 일도 아니다.

과거에 은으로 돈 좀 벌었던 부자들, 은퇴한 후 이곳에 터를 잡은 북미 사람들에게도 사랑받는 곳이다. 멕시코의 치안 좋고 아름답기로 소문난 작은 도시에는 어김없이 캐나다, 미국 사람들이 땅을 사거나 집을 짓고 살고 있다. 멕시코의 좋은 환경을 막상 그곳 사람들보다 돈 많은 타지인이 누리는 것 같아 씁쓸했다.

산미겔의 대표 상징물은 의심의 여지없이 도심 한가운데 우뚝 솟은 산미겔 성당Parroquia de San Miguel Arcángel이다. 멀리서 이 성당을 보는 순간 감탄하는 것도 허락하지 않고 성당에 빠르게 다가갔다. 바로크양식과 고딕양식이 혼합된 건축 디자인은 세련되고 하나하나 눈에 새기고 싶을 정도로 섬세했다.

특히 외벽 색깔이 매우 독특했는데 진한 요구르트 색이 떠올랐다. 성당 꼭대기에는 하늘로 향하는 첨탑이 있는데, 마치 신의 은총을 빨아들이기라도 하는 것처럼 위용 있게 우뚝 솟아있다. 내가 언제 이곳에 다시 올 수 있을까. 나는 미련이 남지 않을 정도로 성당의 다양한 모습을 카메라에 담았다.

산미겔에서 공주처럼 쓰고 다니던 화관은 너무 예뻐서 결국 한국까지 가져왔다. 모양이 무너질까 봐 배낭에 넣지도 못하고 도시를 이동할 때마다 매번 고이 모시며 들고 다녔다. 여전히 풀지 못한 숙제는 있다. 왜 여성들이 화관을 쓰는지 말이다. 현지인에게 직접 물어보러 다시 멕시코에 가야 할 것 같다.

산미겔 성당(Parroquia de San Miguel Arcángel)

주소 Plaza Principal S/N, Zona Centro, 37700 San Miguel de Allende, Gto., México.
찾아가기 과나후아토에서 산미겔 데 아옌데는 버스로 약 1시간~1시간 30분이 소요된다(요금은 136페소부터). 터미널에서 산미겔 센트로까지 버스로 약 10분.

과나후아토 가볼 만한 곳 BEST 5

365일 축제가 열리는 과나후아토는 예술과 전통이 가득한 도시이다. 한때 은광으로 유명했기에 도시 곳곳에는 화려한 극장과 성당들이 눈길을 끈다. 멕시코의 대표 화가인 디에고 리베라의 고향이라, 그의 생가도 방문해 볼 수 있다.
『돈키호테(Don Quixote)』의 저자 세르반테스(Miguel de Cervantes Saavedra)를 기리는 축제가 매년 10월에 성대하게 치러진다. 주말에는 인파로 메인 거리가 가득 차 지나치게 관광지가 되었다는 평이 있지만, 그렇다고 건너뛴다면 두고두고 후회할 아름다운 도시이다.

피필라 전망대 Monumento al Pípila

멕시코 영웅 피필라(El Pípila)를 기리기 위해 세운 기념탑이 있는 전망대이다. 피필라는 독립운동이 일어났을 당시 스페인군이 주둔하던 창고에 불을 지르기 위해 횃불을 들고 다닌 인디오 광부이자 독립투사였다. 전망대에 오르면 과나후아토 시내가 한눈에 내려다보이는 전경에 압도된다. 멋진 배경을 뒤로 인생사진을 마음껏 건질 수 있는 곳.

주소 Ladera de San Miguel 55, Zona Centro, 36000 Guanajuato, México. 찾아가기 센트로에서 도보 약 15분. 푸니쿨라르(Funicular: 케이블카) 이용 시 5분(편도 25페소).

바실리카 성당 Basílica de Nuestra Señora de Guanajuato

시내 중심부에 자리해 진한 노란색의 외관이 돋보이는 성당이다. 먼발치에서도 존재감을 뽐내는 과나후아토의 랜드마크이며 성당 내부에도 들어가 볼 것을 추천한다.

주소 Calle Ponciano Aguilar 7, Centro, Guanajuato, México. 찾아가기 후아레스 극장에서 이달고 시장(Mercado Hidalgo) 방향으로 도보 5분.

후아레스 극장 Teatro Juárez

정원수를 네모반듯하게 깎아놓은 우니온 정원(Jardín de la Unión) 맞은편에는 섬세한 건축과 조각상이 돋보이는 후아레스 극장이 있다. 여행자들은 극장 계단에 걸터앉아 담소를 나누거나 간식을 먹으며 쉬어간다.

저녁에는 각종 이벤트가 열려 지나가는 여행자의 눈과 귀를 즐겁게 한다. 극장 안에서 열리는 수준급의 오케스트라 공연을 단돈 50페소에 관람하기도 했다. 공연에 관심이 있다면 스케줄을 확인해보자.

주소 De Sopeña 10, Zona Centro, 36000 Guanajuato, México.

과나후아토 대학교 Universidad de Guanajuato

과나후아토 대학교는 새하얀 건물 외벽과 파란 하늘이 조화를 이뤄 건물 자체만으로도 명소이다. 하늘 높이 뻗은 계단에서 사진을 찍거나 쉬어갈 수 있는 모두를 위한 공간이다.

주소 Calle Pedro Lascuráin de Retana 5, Zona Centro, 36000 Guanajuato, México.

발길 닿는 대로

과나후아토는 작은 마을이라서 산책 삼아 걷다 보면 주요 장소를 모두 만날 수 있다. 목적지를 정하지 말고 발길이 이끄는 대로 걸어보자. 식민지풍 건축물, 아기자기한 소품을 구매할 수 있는 가게, 발길을 멈추고 사진을 찍게 하는 예쁜 골목이 많다.

과나후아토 카페 추천

과나후아토에서는 바쁘게 돌아다닐 필요가 없다. 산책하듯 골목을 방랑하다가 분위기 좋은 카페에 들어가 차 한 잔 마시기에 좋다. 향긋한 커피 한 잔으로 아침을 시작하고 쌀쌀한 저녁에는 따뜻한 초콜라테를 주문해보자.

산토 카페 Santo Café

과나후아토의 골목을 거닐다가 고개를 들어보면 다리 위에 자리한 예쁜 카페를 만날 수 있다. 커피 한 잔을 마시며 다리 아래로 오가는 행인을 구경하거나 알록달록한 거리를 바라보기에 좋다. 현지인과 관광객 모두에게 인기가 좋고 음료와 식사 메뉴가 다양하며 가격이 저렴하다.

주소 Campanero 4 Puente, Del Campanero, Zona Centro, Guanajuato, Gto., México. **영업시간** 월~토 10:00~23:00, 일 12:00~20:00 **가격대** 커피 20~30페소, 파스타 50페소~, 케사디야 55페소~ **찾아가기** 후아레스 극장에서 도보 3분.

콩키스타도르 카페 Café Conquistador

거리에서부터 진한 원두 향을 풍기는 콩키스타도르는 현지인에게 추천받은 카페이다. 골목에서도 유난히 작은 카페인데 그래서 더욱 운치가 있다. 매장 안에는 두세 개의 작은 테이블만 놓여있어 편하게 쉬어가기는 어렵고 테이크아웃 손님이 많다. 커피 가격이 무척 저렴하며 요기할만한 간단한 디저트도 있다.

주소 Positos 35, Zona Centro, Guanajuato, Gto., México. **영업시간** 매일 08:00~22:00. **가격대** 아메리카노 19페소, 카페라테 30페소(작은 사이즈 기준). **찾아가기** 과나후아토 대학교에서 Positos 거리로 도보 3분.

‖: Guadalajara&San Luis Potosi :‖
과달라하라&산 루이스 포토시

episodio #9

혼자 밥 먹는
내가 ___ 안쓰러웠나요?

과달라하라의 분주한 시내를 잠시 벗어나 근교인 아히힉Ajijic이라는 작은 동네에 갔다. 이름만 들어도 웃기는 마을이다. 지명을 제대로 발음하려면 마치 고양이가 무언가를 경계할 때 내는 소리처럼 '히익'하면서 목을 긁어야 비슷한 소리가 난다.

평화롭고 치안이 좋아 은퇴한 미국인이 많이 산다고 했다. 특유의 발랄한 멕시코 느낌은 덜 한 마을이었지만, 사람들의 표정과 몸짓에서는 여유가 묻어났다. 카메라를 메고 이곳저곳 돌아다니며 사진을 찍어도 아무도 나에게 낯선 눈빛을 던지지 않는 곳이다.

멕시코 여행을 시작한 지 2주 남짓. 그동안 타코나 케사디야 같은 저렴한 음식으로만 배를 채워왔다. 맛있고 비싼 음식을 먹는 기쁨이 있다면 식비로 여행 경비가 훅훅 줄어드는 고통이 있다. 기쁨을 늘리는 것과 고통을 절감하는 두 가지 방법에서 나는 후자를 선택해 행복을 연장하곤 했다. 하지만 그런 궁상맞은 여행이 지속되니 하루 정도는 흥청망청 쓰고 싶어졌다.

도시를 훌쩍 떠나오기도 했고 멕시코 여행 중 휴가를 즐기듯 좀 괜찮은 저녁 식사를 해볼까 한다. 낮에 이곳저곳 돌며 분위기 좋아

보이는 레스토랑을 하나 봐두었다. 오후 8시쯤 레스토랑에 들어섰는데 어째 손님이 별로 없이 조용했다. '분위기는 꽤 좋아 보이는데 여기가 맛집이 아닌가?' 어리둥절했지만, 멕시코 사람들의 식사 시간보다 내가 조금 일찍 도착한 것일지도 모른다. 아무렴 어때.

오롯이 내 시간을 누리는 날이니 화이트 와인을 한 잔 시켰다. 허세 잔뜩 부리는 날에는 하우스 와인 정도는 시켜야 하니까. 텅 빈 뱃속에 알코올 한 모금이 흘러 들어가자 몸속에 있는 장기들이 칙칙폭폭 더 잘 돌아가는 것 같다. 카프레제 샐러드도 하나 시켰다. 와인과 잘 어울릴 것 같아 주문했는데, 식사 대용으로는 매우 부족해 보였다. 토마토 슬라이스와 치즈가 겹겹이 나왔는데 마음만 먹으면 한 접시를 한입에 털어 넣을 수 있었지만 참았다. 최대한 식욕을 눌러가며 우아하게 음식과 와인을 즐겼다. 아름다운 나의 저녁 식사를 카메라에 담는 것도 잊지 않았다.

'그런데 이 조그만 음식이 도대체 몇 페소인 거야?' '아니야. 가격은 보지 말고 음식만 보고 주문하자.' 이상과 현실이 다투는 와중에도 샐러드와 화이트 와인은 궁합이 잘 맞았다. 무엇하나 자극적이지 않아 식욕을 돋게 했다. 술은 또 다른 술을 부르는 법. 와인 한 잔을 홀랑 다 마시고 멕시코 대표 맥주인 코로나를 한 병 시켰다. 샐러드 따위가 내 위를 채울 리 없었다.

참지 못하고 웨지감자도 추가로 주문했다. 가만 보니 저녁 식사가 아니라 술안주에 가까워지고 있었다. 지나가던 직원에게 나의 우아한 저녁 식사 모습을 한 장 찍어달라고 부탁했는데, 카메라를 받아들고 사진을 확대해보다가 깜짝 놀랐다. 내 뒤 테이블에서 미국인들이 식사하고 있었는데 중앙에 앉은 아저씨가 카메라를 똑바로 쳐다보고 있던 게 아닌가. 내가 아저씨를 돌아보며 웃자, 그는 기다렸다는 듯이 나에게 말을 걸어왔기에 대화를 나누게 되었다.

"혼자 멕시코를 여행해요?"
"네~. 석 달간 여행할 건데 이제 2주 정도 됐어요."
"정말 대단해요!"

내가 멕시코를 혼자 여행하는 것이 그렇게 대단한 일인가? 조금 어리둥절했지만, 기분은 좋았다. 그의 일행들도 호기심 어린 눈빛으로 나를 바라봤다. 그들은 내게 멋지고 용감하다며 감탄을 쏟아냈다. 멕시코의 어느 작은 시골 마을에서 나보다 훨씬 많은 여행을 했을 것 같은 미국 사람에게서 이토록 큰 칭찬을 받을 줄이야. 아저씨는 내 영어가 훌륭하다는 말을 덧붙였다.

그는 내 멋진 저녁 식사 모습을 찍어준다고 카메라를 건네 달라고 했다. 내가 웨이터에게 두 번이나 부탁한 것을 분명 봤을 것이다. 테이블 위에는 촛불이 타오르고 있었고, 그 옆에는 한주먹거리의 안주와 코로나 맥주잔이 놓여 있었다. 그는 내 몸의 각도까지 잡아주며 밝게 웃고 있는 모습을 잘 담아주었다.

어느 정도 대화를 나눈 후 그들은 레스토랑을 떠날 채비를 했다. 아쉬워서 조금 더 이야기를 나누고 싶었지만 그러지는 못했다. 그들은 마지막까지 내 여행을 힘주어 응원해주고 떠났다. 돌이켜보니 아히힉에 와서 누군가와 오랫동안 대화를 나눈 게 처음이었다. 상점이나 식당을 드나들 때 '올라', '그라시아스'밖에 하지 않아 입을 몇 번 벙긋하지 않은 하루였다.

남아있는 코로나를 들이켜며 그들의 말을 되새겨보니 왠지 앞으로 멕시코 여행이 더 기대되었다. 적당한 취기에 뭉클한 마음을 안고 천천히 숙소를 향해 걸었다. 특별할 것 없던 아히힉을 내가 좋은 여행지로 기억하는 건 짧지만 따뜻했던 그들과의 대화 때문일 것이다.

episodio #10

미나스 폭포를 향한
___ 즉흥여행

나는 여행지를 미리 정하지 않고 멕시코를 여행했다. 마지막 도시에서 관심이 가는 곳이 생기면 하루 이틀 전에 버스와 숙소를 예약한 후 다음날 떠나는 식이었다. 당시에는 멕시코 제2의 도시인 과달라하라^{Guadalajara}에서 서쪽에 있는 해변 도시, 푸에르토 바야르타^{Puerto Vallarta}로 떠나기 위해 호스텔 예약을 모두 마쳤다.

그때 묵고 있던 숙소에서 나처럼 혼자 여행하는 한 언니를 알게 됐다. 우리 둘 다 장기여행자였기에 시간에 구애받지 않고 굼벵이처럼 느릿느릿 여행을 즐기고 있었다. 어느 날 언니와 저녁을 먹고 숙소로 돌아왔는데 호스텔 벽에 걸린 한 폭의 사진에 동시에 시선이 꽂혔다. 깊은 산속 어딘가에서 영롱하게 빛나는 에메랄드빛 폭포였다. 동화의 한 장면과도 같은 사진 밑에서 우리는 지명을 확인할 수 있었다.

'Ciudad Valles.'
"이거 어떻게 읽지? 씨우다드 바…예스?"

　폭포 사진을 보니 갑자기 가슴이 벌렁거리기 시작했다. 푸에르토 바야르타에 가기로 마음먹었을 때는 전혀 없던 심장박동이었다. 멕시코에 왔으면 이 정도 멋진 곳에는 가야 할 것 같았다. 사진이 조금 미화됐다고 가정하더라도 여행할 가치는 충분해 보였다. 가슴이 시키는 대로 하기로 했다. 생전 처음 보는 지명의 도시로, 예정에도 없던 북쪽으로 향하는 8시간의 여정이 시작됐다.

　씨우다드 바예스는 산 루이스 포토시주에서 2번째로 큰 도시이지만 이곳을 아는 사람은 좀체 없었다. 센트로의 풍경은 멕시코의 여느 도시와 다를 바 없었지만, 여행자처럼 보이는 사람은 언니와 나 둘뿐이었다. 식당에서 만난 아줌마는 동양인인 우리가 신기하다며 사진을 찍어달라고 할 정도였다. 멕시코 어딜 가도 그토록 많던 전 세계 여행자들이 유독 이 도시만큼은 모르고 지나간 듯했다.

우리는 사진에서 본 폭포를 찾아가기 위해 현지인에게 길을 묻고 또 물어야 했다. 투어를 통해 폭포에 갈 수 있었지만, 가격이 비쌌다. 자유여행자의 튼튼한 두 다리를 놔두고 큰돈을 쓰기에는 어째 양심에 찔렸다.

미나스 폭포Cascadas de Minas Viejas가 있는 곳은 우아스테카Huasteca라는 지역이었다. 이곳에는 미나스 폭포만큼이나 멋진 폭포가 몇 개 더 있지만, 가장 먼 곳은 너무 멀어 사진을 보는 것으로 만족해야 했다. 허름한 시내버스를 타고 2시간 정도 달렸을까.

기사 아저씨가 이곳에서 미나스 폭포를 갈 수 있다는 말에 '무차스 그라시아스(정말 고맙습니다)!'를 외치며 황급히 하차했다. 내린 사람은 언니와 나 둘뿐. 버스는 먼지를 폴폴 날리며 달리던 방향으로 사라졌다. 한낮의 태양은 지글지글 끓었고 그 열기는 그대로 정수리에 꽂히는 날씨였다. 목숨을 부지하기 위해 그늘을 찾다가 눈앞에 있는 이정표를 보고 언니와 나는 할 말을 잃었다. '미나스 폭포까지 3.5킬로미터'

episodio #11

무차스
그라시아스 Muchas gracias!

작열하는 태양 아래에서 3.5킬로미터를 걷는다는 것은 말이 안 되었다. 그보다도 이 거리를 걸어서 오간다면 우리는 센트로로 돌아가는 마지막 버스를 놓치게 될 것이다. 어쩔 수 없었다. 지나가는 차가 단 한 대라도 온다면 눈 딱 감고 히치하이킹을 하자고 마음먹었다. 인적이 드문 곳에서 히치하이킹을 하는 것이 안전한 방법은 아니지만, 그렇다고 이런 곳을 언니와 나 단둘이 걷는 것도 안전과는 거리가 멀어 보였다.

　5분쯤 걸었을까. 휑한 들판에 트럭 한 대가 우리를 향해 다가오고 있었다. 직감적으로 알았다. 저 트럭은 이 길을 지나는 처음이자 마지막 교통수단이라는 것을. 우리는 최대한 불쌍한 표정으로 팔을 위아래로 휘저었고 고맙게도 트럭은 우리 앞에 멈췄다. 운전기사는 언니와 나를 짐칸에 태워주었고, 우린 또 한 번 큰 소리로 '무차스 그라시아스!'를 외쳤다. 앞으로는 두 배로 착하게 살아야겠다고 다짐하는 순간이었다.

　마침내 우리는 미나스 폭포에 닿을 수 있었다. 세상에 이렇게 아름다운 경치와 폭포가 멕시코 어딘가에 존재한다니. 첩첩산중에 에메랄드빛의 폭포가 흐르고 있으니 눈으로 보고도 믿기 힘들었다. 이렇게 아름다운 곳에 내가 있음이 행복하고 짜릿해 그 기분을 마음껏 즐겼다. 언니와 나는 돌아가면서 서로 사진을 찍어주었고 나는 옷을 입고 벗어가며 다양한 콘셉트로 사진을 찍었다. 여행 중이 아니라면 이런 배경에서 사진을 찍을 수 없다. 얼마의 돈을 준다 해도 그럴 수 없다.

　이곳이 진짜 히든 플레이스인지 언니와 나를 포함해 대여섯의 사람만 돌아다닐 뿐이었다. 다른 여행자들은 잘 모르는 숨은 장소를 발견해냈다는 생각에 기분이 좋아 마구 뛰어다녔다. 이때 촐랑

거리고 돌아다니던 나를 먼발치에서 걱정스럽게 바라보는 한 멕시코 부부가 있었다. 그들은 이내 나에게 말을 걸어왔고, 우리는 대화를 나누게 되었다.

"그럼 여기까지 어떻게 온 거예요?"
"버스 타고 온 후에 히치하이킹했어요."
"히치하이킹이라니. 멕시코에는 좋은 사람이 많지만 다 좋은 사람만 있는 게 아니니 조심해야 해요!"

부부는 여전히 마음에 걸렸는지 자신들처럼 좋은 사람들과 같이 다녀야 한다며 함께 여행할 것을 제안해왔다. 올레! 우리 입장에서는 '무차스 그라시아스.'지! 언니와 나는 부부의 차를 얻어 탄 덕분에 센트로로 돌아가는 길에 미꼬스 폭포 Cascadas de Micos에 들를 수 있었다. 대중교통을 이용했다면 시간이 안 돼 포기했을 여행지였다. 멕시코 부부와 함께 여행하니 손짓 발짓하며 의사소통을 하는 재미는 사라졌지만, 몸과 마음은 편안하고 또 안전했다.

부부는 고맙게도 다음날 여행도 함께하자며 제안해 왔고, 우리는 1박 2일 동안 그들의 차를 타고 다니며 우아스테카 지역을 구석구석 돌아볼 수 있었다. 여행자들은 잘 알지 못하는 신기한 곳까지 여행할 수 있었던 건 순전히 부부 덕분이었다.

episodio #12

고생 끝에
_ 타물 폭포

  멕시코 부부를 만나 미나스 폭포와 미꼬스 폭포를 여행한 첫날, 그들은 언니와 나를 숙소 근처에 데려다주며 물었다.

"내일 몇 시에 만날까? 8시?"

  세상 게으른 여행을 하고 있던 언니와 나는 곧바로 대답하지 못하고 머뭇머뭇 거렸다. 그들 덕분에 편하게 하는 여행이니 어떤 제안이든 따르고 싶었으나 이른 기상은 자신이 없었다(그 어떤 멋진 것을 보러 간들 잠보다 좋을쏘냐). 이를 눈치챈 부부는 약속 시간을 9시로 바꿔주었다. 체력 좋고 열심히 여행하는 부부 덕분에 언니와 나도 잠시나마 부지런한 여행자가 될 수 있었다.

  이튿날, 계피 맛이 진하게 나는 멕시코 전통 커피와 빵으로 간단히 아침을 때운 후 다시 우아스테카로 출발했다. 울퉁불퉁한 길을 한참이나 달린 후에야 덜컹거리던 차가 완전히 멈춰 섰다. 그렇게 오전 내내 신비한 동굴 탐험도 하고(옆에서 언니가 산크리스토발에 가면 더 크고 멋진 동굴이 있다고 귀띔했다) 멕시코 가정식으로 늦은 점심을 먹었다. 그리고 이날의 마지막 여행지이자 하이라이트인 타물 폭포를 향해 부부의 낡은 차는 다시금 덜컹거리기 시작했다.

입구에서부터 강기슭까지 걸어가는 도중에 초원에서 유유자적하며 풀을 뜯고 있는 동물들과 눈이 마주쳤다. 여정을 마치고 돌아오는 사람들과도 반갑게 인사하며 걷다 보니 저 멀리 희뿌연 에메랄드빛 호수가 모습을 드러냈다.

도착해서 보니 잔잔하고 차분한 강물 색과는 대조적으로 알록달록 페인트 옷을 입은 나룻배들이 여행자들을 기다리고 있었다. 멕시코 부부는 보트 한 대를 빌려왔고 우리 넷과 뱃사공까지 다섯이서 타물 폭포로 항해를 시작했다. 출발!

뱃사공이 맨 뒤에서 열심히 노를 저었고, 우리 넷은 두 명이 나룻배 한쪽 씩 맡았다. 아름다운 풍경을 두 눈에 담으며 옥색 강 위에 둥둥 떠 있으니 신선놀음이 따로 없었다. 이 평화로운 시간이 오래 지속되기를 바랐다. 풍경이 지닌 색은 눈이 시릴 정도로 맑았지만, 어느새 노를 잡고 있는 손목 또한 시큰해졌다.

배가 꽤 컸기 때문에 모두 힘을 합해야 그나마 조금 앞으로 나아가는 듯했다. 내가 노 젓기를 게을리한다면 누군가 두 배로 힘을 내야 하기 때문에 왼쪽 팔이 쉴 틈 없었다. 그러다가 언니와 자리를 바꿔 오른팔로 노를 저어 양쪽 팔이 골고루 아플 수 있게 했다.

햇살, 물, 풍경은 완벽한데 중요한 것이 없었다. 뒤에서 바람이

살살 불어오면 우리가 탄 배를 밀어주겠지만 배는 오로지 우리의 힘으로만 나아가는 듯했다. 풍경을 즐기던 시간도 30분이 넘어가니 힘에 부쳤다. 손에 들려있는 노가 원망스러울 정도로 타물 폭포는 모습을 드러내지 않았다. 이제 좀 짠! 하고 나와 주겠니?

"쥬디, 카메라 대기해! 이제 정말 나올 것 같아."
"응! 준비 완료."

카메라를 들고 한참 기다린 후에야 타물 폭포는 아주 느리게 모

습을 드러내기 시작했다. 높은 기암 절벽 위에서 힘차게 수직으로 쏟아져 내리는 폭포는 늦은 오후의 햇살을 받아 찬란히 반짝였다. 나룻배로는 가까이 갈 수 없었지만, 중간에 우뚝 솟아있는 암석에 올라가 폭포에서 흩날리는 물 입자를 양껏 맞았다. 고생 끝에 마주한 신비한 타물 폭포를 눈과 카메라에 가득 담았다. 손에 물집은 좀 잡혔지만, 이토록 아름다운 타물이라면 괜찮았다.

폭포 앞에서 인생 사진도 건졌으니 더 바랄 것이 없었건만 진짜 재미는 강기슭으로 돌아가는 길에 있었다. 유속이 꽤 세게 느껴지는 부근에서 나룻배가 멈췄다.

"자, 뛰어내려. 이제부터는 물살에 몸을 맡기는 거야."

부부는 기다렸다는 듯 강물에 풍당 들어갔다. 비행 공포증에 이어 물 공포증까지 있는 나는 구명조끼도 믿을 수 없어 발을 동동 굴렀다. 괜찮다고, 잡아 주겠다는 부부를 믿고 눈을 질끈 감은 채 에메랄드 물속으로 꼬르륵 들어갔다.

부부는 하강(?) 자세를 알려주었다. 구명조끼 목 부분을 양손으로 잡고 다리를 앞쪽으로 뻗은 채 강물에 누워 몸을 맡기라고 했다. 물도, 내 몸뚱이도 믿을 수 없어 버둥댔지만 이내 중심을 잡고 물에 떠내려가기 시작했다. 속도감이 짜릿해 어린아이처럼 까르륵댔다. 유속이 잔잔해지는 구간에서는 서로서로 손을 잡고 일렬로 떠내려가기도 했다. 타물 워터파크, 쏠쏠한데?

신나게 타물 슬라이딩을 타고 내려와 중간 지점의 세노테^{Cuerva del Agua}에 들러 천연우물 수영을 즐겼다. 강물과는 또 다른 맑은 물빛을 띠었는데, 동굴 안이라 춥기도 하고 왠지 모르게 으스스했다. 물은 투명했지만 발아래도 아득한 걸 보니 어느 정도 깊이일지 가늠되지 않았다. 세노테의 물은 강물과 달리 자꾸만 헤엄치고 싶을 정도로 촉감이 좋았다. 동굴 안 투명한 물속에서 한참이나 물장구도 치고 물에 누워 동굴 천장을 가만히 바라보기도 했다. 무더웠던 우아스테카의 열기를 타물 폭포와 세노테에서 모두 날려 버렸다.

신나게 타물 여행을 즐긴 후 노곤한 몸을 이끌고 숙소로 돌아가는 길, 잠시 생각에 잠겼다. 어떻게 나에게 이런 귀인이 왔을까? 기회가 된다면 꼭 보답하고 싶었는데, 다행히 우리 넷은 멕시코시티에서 재회할 수 있었다. 부부는 본래 멕시코시티에 살고 있었고 언니와 나도 멕시코시티로 돌아갈 계획이었다.

멕시코시티로 돌아와서 우리는 소나 로사에 있는 한식당에 부부를 초대했다. 탕수육과 자장면 그리고 볶음밥 등 다양하게 음식을 주문했다. 멕시코 부부는 젓가락을 다룰 수 있었지만 그들이 사용하는 나무젓가락과 식당에서 내준 쇠젓가락은 잡는 느낌부터가 달랐을 것이다.

멕시코 부부는 미끌미끌한 쇠젓가락 탓에 처음에는 반찬을 식탁에 떨어뜨리며 진땀을 뺐지만, 언니와 내가 알려주는 대로 열심히 연습했다. 여러 반찬 중 어떤 게 가장 입에 맞느냐고 물었더니 김치를 가리켜서 놀라기도 했다. 맵기도 하거니와 외국인 입맛에는 가장 이상할 거라고 생각했으니 말이다. 검은색 젤리가 묻은 것처럼 이상해 보인다던 자장면도 처음에는 먹지 않았지만, 맛을 보더니 괜찮다고 했다. 멕시코 부부는 탕수육을 가장 맛있게 먹었다. 한식을 부담 없이 잘 먹는 모습을 보고 있자니 언니와 나는 조금이라도 이들 부부에게 보답을 한 듯한 마음이 들었다.

우아스테카 포토시나
가볼 만한 곳
BEST 2

우아스테카 포토시나를 아는 여행자는 드물 것이다. 그도 그럴 것이 멕시코 사람들에게도 이름이 알려진 지 몇 년 되지 않았으며, 여전히 여행 인프라가 잘 구축되지 않은 곳이다. 우아스테카 포토시나에는 폭포, 세노테, 동굴 탐험, 래프팅 등 눈부신 자연 속에서 즐길 거리가 다양하다.

하지만 어느 곳 하나 편하게 대중교통을 이용해서 갈 수 있는 곳이 없다. 목적지까지의 여정이 순탄치 않은 대신 보석 같은 히든 플레이스를 만날 수 있다. 여행하기 가장 좋은 시기는 11월에서 3월 사이의 건기이며, 우기에 방문하면 액티비티가 제한적이거나 맑은 강물을 볼 수 없다.

미나스 폭포 Cascadas de Minas Viejas

그 먼 곳에서 나를 우아스테카로 이끈 건 미나스 폭포 사진 한 장이었다. 50미터 높이 2개의 폭포와 주변에 무성한 초목으로 둘러싸인 이곳에는 천연 수영장이 형성돼있다. 칼슘 함량이 높은 주변 암석 때문에 물색은 진한 옥빛을 띠는데 그 아름다운 색깔에 눈을 뗄 수 없다.

주소 Cascadas de Minas Viejas, Tamasopo, San Luis Potosi, México. **입장료** 30페소. **찾아가기** 씨우다드 바예스의 에코 센트랄(Eco Central) 터미널에서 나랑호(El Naranjo)행 버스를 탄다(약 2시간 소요). 버스정류장에서 미나스 폭포까지는 3.5킬로미터. 여행사를 통해 투어로 가는 것도 좋으나 투어 가격이 비싼 편이다.

타물 폭포 Cascada de Tamul

타물 폭포를 만나려면 1시간 동안의 고된 노 젓기를 해야 하지만, 손에 물집이 잡히더라도 이 여정을 절대 포기하면 안 된다. 눈이 파래질 정도로 아름다운 옥색 강물 위에서 카누잉을 할 수 있으며, 105미터에서 떨어지는 극적인 장관의 타물 폭포는 세상 어디에서도 볼 수 없는 아름다움을 간직하고 있다. 돌아갈 때는 신비한 천연 우물인 세노테(Cuerva del Agua)에 들러 다이빙과 수영을 즐길 수 있다.

주소 Cascada de Tamul, Tamasopo, San Luis Potosi, México. **방문시간** 08:00~16:00. **찾아가기** 에코 센트랄(Eco Central) 터미널에서 탄차친(Tanchachín)행 버스를 탄다(직항이 없으면 환승해서 이동). 또는 센트로에 있는 여행사에 들러 투어를 신청할 수 있으나 투어 가격이 비싼 편이다.

쥬디가 사랑한 할리스코 음식

멕시코 경제·문화의 수도로 불리는 과달라하라는 멕시코 중서부에 있는 할리스코(Jalisco)주의 주도이다. 멕시코의 전통 악단인 마리아치의 고향이자 멕시코 대표 술인 테킬라의 생산지로도 유명하다. 할리스코주는 고유의 전통과 문화를 잘 이어가고 있는데, 특히 멕시코의 유명한 대표 음식들이 유래하기도 했다. 맛의 고장인 할리스코에서 꼭 먹어봐야 할 음식들을 알아보자.

포솔레 Pozole

멕시코의 대표 수프로 전 국민에게 사랑받는 요리이다. 옥수수 알갱이와 채소를 넣고 푹 끓이며 일반적으로 닭고기가 들어가지만, 여러 고기 부위 중 선택할 수 있는 레스토랑도 많다. 우리나라의 백숙이나 곰탕처럼 국물이 깊고 진해서 한국인 입맛에도 잘 맞는다.

토르타 아오가다 Torta Ahogada

일명 멕시코식 샌드위치. 젖은 빵이라는 이름처럼 두꺼운 빵이 소스에 잔뜩 적셔서 나온다. 할리스코주의 전통 빵인 비로테(Birote) 안에 깍둑 썬 돼지고기와 소스를 잔뜩 집어넣어 입이 다물어지지 않는 모양새다. 멕시코의 다른 지역에서도 맛볼 수 있지만, 특히 과달라하라가 유명하다.

추천 레스토랑_라차타 La Chata de Guadalajara

포솔레와 토르타 아오가다 등 다양한 멕시코 요리를 맛볼 수 있는 레스토랑이다. 현지인과 관광객 모두에게 유명해서 기다려야 하는 경우가 있지만 테이블 회전율이 빨라 오래 기다리지 않고 식사할 수 있다. 다양한 메뉴가 있고 가격이 합리적이니 방문할 가치는 충분하다.

주소 Calle Ramon Corona 126, Guadalajara, México. **영업시간** 월~일 07:30~24:00. **추천메뉴** Pozole, Torta Ahogada, Enchilada. **찾아가기** 아르마스 광장(Plaza de Armas)에서 도보 5분.

과달라하라 근교 가 볼 만 한 곳 BEST 3

멕시코 제2의 도시인 과달라하라는 멕시코에서 두 번째로 큰 도시로 칸쿤과 비슷한 위도에 있어 일 년 내내 온화한 날씨이다. 유네스코 세계문화유산으로 지정된 과달라하라 역사지구는 식민지풍 종교 건축물과 박물관으로 가득하다. 멕시코의 상징인 마리아치 음악 또한 과달라하라에서 유래했으며 챙이 넓은 모자인 솜브레로와 테킬라의 탄생지이기도 하다.

테킬라 Tequila

멕시코 대표 술인 테킬라를 본고장에서 맛보는 기회를 놓치지 말자. 분주한 과달라하라를 벗어나 평화로운 테킬라 마을에 도착하면 주변에는 울퉁불퉁한 산길과 끝없이 펼쳐진 아가베

(Agave) 농장을 구경할 수 있다. 아가베는 용의 혀처럼 두껍고 날카로워서 용설란이라고도 부르는데 스페인어로는 아가베, 원주민들은 마게이(Maguey)라고 불렀다. 테킬라 공장에 방문하여 주조 과정을 체험하면서 테킬라를 맛볼 수 있으니 증류소에서 갓 따른 테킬라를 시음해보자.

찾아가기 과달라하라 도심의 센트랄 비에하(Central Vieja) 터미널에서 테킬라행 버스를 이용한다(약 2시간 20분 소요). 대중교통은 번거로워 당일치기 투어를 추천한다. 숙소나 가까운 여행사에서 간편히 투어를 예약할 수 있다(테킬라 투어 비용 약 350~500페소, 여행사마다 상이).

틀라케파케 Tlaquepaque

과달라하라 도심에서 남동쪽으로 7킬로미터 떨어진 틀라케파케는 19세기 상류층이 살기 시작하면서 지금의 모습을 갖추었다. '도자기를 만드는 사람들의 고장'이라는 뜻의 이곳은 도자기와 함께 유리공예로도 유명하다. 거리는 이색적인 동상으로 가득하고, 상점과 갤러리에는 화려한 공예품들이 방문객들을 사로잡는다.

5명의 무용수가 30미터 높이의 장대에 매달려서 내려오는 볼라도레스(Voladores)도 볼 수 있는데, 과거에 비와 풍요를 기원하는 종교의식이었고 현재는 관광객에게 큰 볼거리가 되었다. 틀라케파케 중앙의 야외 식당인 엘 파리안(El Parian)을 주말에 방문한다면 수준 높은 마리아치 공연도 무료로 관람할 수 있다.

찾아가기 아란사수 공원(Jardín de Aranzazú) 근처의 정류장에서(정류장이 여럿이니 잘 확인하자!) 시내버스(R616)를 이용한다(약 40분 소요). 또는 우버(Uber: 스마트폰 애플리케이션(앱)으로 승객과 차량을 이어주는 서비스)를 이용하면 보다 빠르고 편리하다.

차팔라 호수&아히힉 Lago Chapala&Ajijic

멕시코에서 가장 큰 호수가 자리한 차팔라는 맑은 물과 풍부한 토양 덕분에 축복받은 땅으로 여긴다. 평화롭고 깨끗한 차팔라 호수는 멕시코뿐 아니라 해외에서도 발길이 끊이지 않는데 특히 미국, 캐나다인들의 은퇴 후 안식처로 사랑받는다.

차팔라 호수 옆 동네인 아히힉도 마찬가지. 멕시코 특유의 발랄한 느낌은 덜하지만 여유로운 분위기의 마을과 개성 있는 벽화들이 여행자의 발길을 잡아당기는 곳이다.

찾아가기 과달라하라 센트랄 비에하(Central Vieja) 터미널에서 차팔라 또는 아히힉행 버스(약 1시간~1시간 20분 소요).

𝄁: Puebla :𝄁
푸에블라

episodio #13

여행자의
___ 밤

"멕시코시티에서 가까운 곳 중에 어딜 가면 좋을까?"
"당연히 푸에블라지."

몇 명의 현지인에게 물어도 대답은 늘 푸에블라였다. 하나같이 이 도시를 가라고 추천하니까 청개구리 심보가 일었다. 남들이 다 좋다는 것에는 왠지 그 대열에 끼고 싶지 않은 마음이 존재한다. 드라마 '도깨비'의 배우, 공유가 그렇게 멋있다는데 그럴수록 더더욱 그 드라마를 보지 않고 버텼다. 여전히 갈 마음은 조금도 없지만 다음 여정인 와하카로 향하는 중간에 푸에블라가 딱 자리하고 있었다. 인심 쓰는 척 들러 딱 하루만 묵고 이동하리라.

모든 도시의 첫인상은 도착 지점인 터미널에서 시작된다. 기대하지 않는 내 마음과는 다르게 푸에블라 터미널은 사람들의 활기로 가득했다. 숙소를 찾아가기 위해 길을 물었던 현지인의 표정이 무척 밝았다. 환하게 웃는 사람들을 보니 나까지 기분이 좋아졌다. 푸에블라는 마치 샛노란 개나리가 가득 핀 봄을 연상시켰다.

내가 푸에블라 센트로를 걸어 다니며 가장 놀란 것은 차도와 인도가 제대로 구분되었던 점이다. 일반적으로 멕시코의 인도는 지면이 고르지 않고 갑자기 구멍이나 높은 턱이 나타나 발을 다칠 수 있다. 난데없이 인도가 뚝 끊기기도 하고 동네 개들의 배설물이 고르게 퍼져있는 것은 기본이다. 반면에 푸에블라의 거리는 청결했고 잘 정돈되어 있어 산책하기 좋았다.

푸에블라에서는 거리 음식에 본격적으로 눈을 떴다. 항상 먹던 과일컵이 아닌 새로운 간식에 맛을 들였는데 그것은 감자칩! 그날도 목적지를 정하지 않고 산책하듯 푸에블라 골목골목을 걷고 있었다. 그때 코를 자극하는 고소한 기름 냄새. 가게 안쪽에서 한 청년이 얇게 썬 감자를 기름에 튀겨내고 있었다. 주저하는 나와는 다르게 현지인들은 계속해서 감자칩을 사 갔다. 넋 놓고 있다가는 눈앞에서 감자칩을 다 뺏길 것 같아 서둘러 하나 주문했다. 이번만큼은 현지인의 방식대로 거리 음식을 즐기리라.

투명한 비닐 안에 들어있는 감자칩으로 소금이 솔솔 뿌려졌다. 이윽고 주황색 매콤한 멕시코 소스가 잔뜩 뿌려졌다. 아삭하면서도 소스에 살짝 젖은 감자칩은 짜면서도 달았고 한 봉지를 다 비우고 나서야 분주하던 손놀림이 멈춰졌다. 감자칩을 맛있게 먹는 방법을 알게 됐으니 푸에블라에서 한 수 제대로 배웠다.

낮에는 정처 없이 골목 산책을 즐겼다면 밤에는 푸에블라 야경이 나를 기다리고 있었다. 야경을 보기 위해 소칼로 광장에 가서

투어버스 사이를 기웃거렸다. 나보다 먼저 푸에블라를 여행했던 친구가 60페소를 내고 나이트 투어를 했노라고 귀띔했다. 광장에는 2층짜리 큰 투어버스도 있었지만, 나는 가장 작은 버스를 가진 직원에게 다가갔다. 그는 투어비용으로 80페소를 불렀다. 난감했다. 나는 60페소에 투어를 하고 싶었기 때문이다.

"좀 깎아주면 안 될까?"
"우리는 모두가 똑같이 80페소야."
"정말 60페소는 안 되는 거야?"

그가 스페인어로 빠르게 얘기하는 바람에 대부분 알아듣지 못했지만 그의 표정으로 보아 깎아줄 수 없다는 반복이었다. 버스가 출발할 시간이 다가오자 그는 나에게 굉장히 특이한 제안을 했다.

"그럼 40페소면 너 탈래?"
"??? 당연하지!"

60페소에 태워달라고 졸랐을 땐 안 되더니 정말 이상하게 40페소를 지불하고 투어버스에 오를 수 있었다. 지금까지도 미스터리다. 이유야 어찌 됐든 막 출발하려고 시동을 켠 투어버스에 올랐다. 버스는 걸어서는 다 가보지 못할 푸에블라 구석구석으로 나를 데리고 갔다. 인적이 하나 없는 으슥한 골목을 지나칠 때면 움츠러들기도 했다. 푸에블라의 상징인 성당은 낮에 본 것과는 또 다른 아름다움이 있었다. 조명 세례 제대로 받은 성당들은 어둠 속에서 화려하게 존재감을 드러냈다.

내 여행에는 밤에 관한 추억이 별로 없다. 중남미 대륙 대부분 도시에서는 치안을 염려해 밤에 외출하지 않았기 때문이다. 낮에는 자유롭게 바다도 보고, 산도 즐겼지만 중남미의 밤은 여전히 여행자에게는 쉽게 허락되지 않았다. 그나마 푸에블라에서 그 아쉬움을 한 스푼 채울 수 있었다.

episodio #14

____ 세상 어디에도 없는
촐룰라 마을 ____

"세상에서 제일 큰 피라미드가 여기, 촐룰라^{Cholula}에 있어."

처음에는 멕시코에 피라미드가 있다는 사실조차 몰랐다. 멕시코시티에서 65미터에 달하는 거대한 태양의 피라미드를 봤을 때도 적지 않게 놀랐다. 그런데 세상에서 제일 큰 피라미드가 여기에 있다고? 단순히 멕시코 사람들의 주장은 아닌지 매우 의심스러웠다. 세계 7대 불가사의도 나라마다 주장하는 게 다른 것처럼.

푸에블라 옆 마을인 촐룰라로 소풍 가는 날, 전날 밤에 양껏 충전해둔 카메라 배터리를 챙기고 내가 가장 좋아하는 원피스를 꺼내 입었다. 촐룰라 유적지는 매우 인기가 좋아서 멕시코시티에서 당일치기로 가는 사람도 많다. 투어도 있지만 비교적 시간이 많은 나는 '현지인에게 물어물어 가기'를 좋아한다. 두 발로 직접 찾아가는 게 가장 저렴한 여행이기도 하고.

숙소 직원이 알려준 터미널로 이동해 촐룰라로 가는 버스를 기다렸다. 버스 요금이 7.5페소밖에 안 해서 혼자 오기를 잘 했다고 생각했다. 만족은 찰나였고 7.5페소짜리 버스 좌석은 앉고 싶지 않을 정도로 더러웠지만 다녀온 후 옷을 빨 생각으로 과감히 엉덩이를 붙였다.

버스는 푸에블라 이곳저곳을 돌며 승객을 더 태운 후에야 도심을 벗어나 촐룰라를 향해 달리기 시작했다. 버스 기사는 촐룰라의 시내에서 나를 내려준 후 자갈이 널찍하게 깔린 길을 덜컹거리며 빠져나갔다. 그때였다.

"빵~!"

고막을 쑤시는 총소리가 들렸다. 이렇게 사람이 많고 벌건 대낮에 총이라니! 어디에서 들려오는 소리인지 몰라 나는 얼른 상점

안쪽 벽에 숨어서 고개를 내밀고 동태를 파악했다. 사람들은 태연하게 광장 쪽으로 걸어가고 있었다. '뭐…지?' 다시 용기를 내어 발걸음을 몇 번 옮기기도 전에 또다시 총소리가 내 고막을 자극했다.

"빵~!"
'으앙~. 이러지 마.'

벌벌 떨고 있는 나와는 반대로 현지인들은 이 굉음에 단련된 것처럼 밝게 웃으며 오히려 소리가 나는 곳으로 이동했다. 현지인들의 반응으로 보아 다행히 총격전이 일어난 것 같지는 않았다. 잠시 후 휘황찬란하게 분장을 한 사람들과 악단들이 좁은 거리를 가득 메우며 행진했다. 총성이 한 번 더 터지기 전에 나는 재빨리 그들에게서 벗어났다. 저 멀리 높은 언덕에서 반짝 빛나고 있는 노란 성당을 향해 걸었다.

경사진 언덕을 오르고 계단을 하나둘 꾸역꾸역 밟으며 올라갔다. 올라가는 내내 하늘을 향해 터지는 굉음은 계속되었기에 매번 깜짝깜짝 놀라야 했다. 지치고 짜증 날 때쯤, 자신의 어머니로 보이는 노인을 휠체어에 태워 밀고 가는 남자를 보았다. 땀을 뻘뻘 흘리며 경사진 언덕을 오르는 남자를 보는 순간 내 허벅지에는 굳건한 힘이 들어갔고 짜증은 쉬이 사라졌다.

성당이 있는 언덕 위에서 내려다본 촐룰라는 그 면적이 꽤 넓었다. 날씨가 아주 맑아야지만 볼 수 있다는 멕시코에서 두 번째로 높은 포포카페테틀Popocatépetl산은 어렴풋이 형태만 가늠할 수 있었다. 활화산이라서 혹시 모를 장관을 기대했지만, 최근에는 화산활동이 크게 줄었다고 했다.

치유의 성모성당Iglesia de Nuestra Señora de los Remedios이라고 불리는 노란 성당 안에는 미사를 드리는 현지인으로 가득했다. 지나가는 사람에게 부탁해 사진을 몇 장 찍고 언덕을 내려오다가 나를 보며 어찌할 줄을 모르고 발을 동동 구르는 학생들을 만났다. 학생들은 나와 사진을 좀 찍어도 되겠냐고 물었다. 하. 이놈의 여전한 인기.

"물론이지."

유일하게 멕시코에서만 누릴 수 있는 귀찮음을 마다할 이유가 없었다. 아, 참! 아이들을 만난 김에 나는 궁금했던 것을 하나 물어볼 수 있었다.

"여기에 피라미드가 있다고 들었는데 어디에 있어?"
"피라미드? 바로 저거야."

아이들이 손가락으로 가리킨 것은 피라미드라기보다는 큰 높이의 계단 몇 개에 불과했다.

"진짜로 저것 맞아?"
"응, 저게 피라미드야."

아무리 뜯어봐도 내가 생각한 피라미드의 모습은 전혀 보이지 않았다. 그래도 학생들이 맞다니 아쉬운 대로 철창 사이로 손을 집

어넣어 사진을 찍었다. 피라미드 내부로 들어갈 수 있다고 들었는데 공사 중이라서 들어갈 수 없었다. 왜 제대로 된 피라미드를 볼 수 없었는지는 나중에서야 알게 되었다.

침략자인 스페인군은 그곳의 역사와 문화의 상징인 거대한 피라미드를 없애고 싶어 했다. 그래서 촐룰라의 피라미드를 파괴하고 흙으로 덮은 후 그 위에 성당을 지어서 피라미드가 보이지 않도록 했다. 내가 숨 가쁘게 언덕을 올라 보았던 그 노란 성당 밑에 거대한 피라미드가 숨어있는 것이다.

멕시코의 경제 사정으로 내부는 개미의 눈물만큼 밖에 발굴되지 못했다. 높이로만 따지면 이집트 피라미드가 가장 높겠지만 부피로 따지면 이곳이 제일 크다. 세상에서 가장 큰 피라미드가 멕시코 촐룰라에 있다면 아마 아무도 믿지 않을 것이다. 그도 그럴 것이 전체 형태를 명확하게 볼 수 없지 않은가. 언덕 꼭대기에 있는 노란 성당을 보아 짐작건대 피라미드는 작은 산 정도의 크기는 될 것이다.

아쉬운 형태의 피라미드를 뒤로하고 골목골목을 방랑했다. 갖가지 색을 하나씩 입고 있는 집들이 골목을 계속 걷게 했다. 집과 집을 연결하는 전깃줄마저도 운치 있을 정도로 아름다운 거리였다. 길을 가다 말고 자꾸만 멈춰 서서 카메라 셔터를 눌러야 했다. 촐룰라는 결국 내가 만난 멕시코에서 가장 아름다운 장소가 되었다.

촐룰라의 피라미드(Pirámides de Cholula)

주소: Zona Arqueológica San Andrés Cholula, San Andrés, 72760Cholula, Puebla, México.
개방시간: 매일 09:00~18:00(공사로 문을 닫는 경우도 있다).
입장료: 성인 65페소.
찾아가기: 촐룰라의 소칼로 광장(Zócalo de Cholula)에서 도보 15분.

episodio #15

___ 누군가와 여정을
함께하는 것 ___

　떠나기 싫었던 푸에블라를 뒤로하고 와하카로 가는 길이었다. 푸에블라 호스텔에서 함께 지냈던 친구 셋과 함께 택시를 타고 터미널로 갔다. 그중 둘은 산크리스토발로 가는 버스를 탔고, 영국 친구와 나는 나란히 와하카행 좌석 1, 2에 앉게 되었다.

　멕시코에서는 '직행'이라는 말을 믿으면 안 된다. 남미대륙도 마찬가지. '진짜 직행이냐?'고 다시 물으면 '그럼, 물론이지!'라고 대답할 것이다. 막상 가다 보면 작은 도시에 들러 현지인을 조금 내려주고 또 태운다. 푸에블라에서 와하카까지는 네 시간가량 걸린다고 했지만, 버스는 이미 출발한 지 네 시간을 훌쩍 넘어서고 있었다.

　여정은 더 길어졌지만, 버스가 잠시 멈출 때마다 바깥 공기를 쐬거나 작은 터미널에서 요기할 만한 것을 사기엔 좋았다. 딱히 배가 고프진 않았지만, 입이 심심했기에 버스에서 내려 터미널에 있는 상점으로 향했다.

　'뭘 먹지? 빵은 좀 무겁고 탄산음료는 너무 단데….'

그때 내 시야에 들어온 알록달록한 젤리. 멕시코 편의점에서 쉽게 볼 수 있는 가장 좋아하는 간식이다. 9페소짜리 포도 맛 하나를 집었다. 계산하고 나오려다 옆자리에 앉은 영국 친구가 생각났고 그녀를 생각하며 딸기 맛 하나를 더 골랐다. 젤리를 좋아하지 않을 수도 있지만, 왠지 혼자만 먹기는 좀 정 없지 않은가. 잊지 않고 스푼도 2개를 챙겨 나오는데 때마침 그녀도 버스 밖에 나와 있었다.

"이거 네가 좋아할지 모르겠지만 어쨌든 널 주려고 샀어!"
"…"

그녀는 알 수 없는 표정으로 내가 건넨 딸기 맛 젤리와 플라스틱 스푼을 받았다. 고맙다는 말은 없었다. 차를 타고 가면서도 괜히 좋아하지도 않는 간식을 줘서 난처하게 만들었나 하는 생각이 머릿속에서 떠나질 않았다. 나는 이미 포도 맛 젤리를 해치웠지만, 그녀는 내가 준 딸기 맛 젤리를 아무 보살핌 없이 의자에 툭 던져 놓았을 뿐이다. 입으로 직행하게 될 스푼도 더러운 의자에 맥없이 놓여있었다.

두어 시간이 더 흘러 버스는 와하카에 도착했고 우리는 각자 트렁크에서 배낭을 꺼내왔다. 큰 배낭을 둘러메며 그 무게에 낑낑

대고 있을 때 그녀가 나에게 슥 다가왔다. 그리고는 멋쩍게 젤리를 되돌려 주는 게 아닌가. 그녀는 어떤 말을 덧붙였지만 나는 대충 고개를 끄덕거리며 제대로 듣지 않았다.

당황한 것을 보이지 않으려 젤리를 얼른 받아서 가방에 툭 하고 넣어버렸을 뿐이다. 고개를 돌리고 배낭을 마저 올려 메고 있는데 그녀가 다시 다가왔다. 손에 있던 플라스틱 스푼마저 내게 건네줬다. 그녀는 신경 쓰이던 일을 마무리한 듯 개운해 보였지만, 나는 민망하고 당황스럽고 서운하기 짝이 없었다.

각자 배낭을 메고 함께 터미널을 빠져나왔다. 터미널부터 시내까지는 왜 이렇게 먼 것인가. 더 이상 그녀와 말을 섞고 싶지도 함께 나란히 길을 걷고 싶지도 않았다. 그걸 굳이 나에게 돌려줘야만 속이 후련했느냐는 생각이 머릿속을 떠나지 않았다.

다행히 우리는 서로 예약한 숙소가 달랐다. 어서 갈림길이 나와 그녀에게 좋은 여행 하라는 형식적인 인사를 하고 헤어지고 싶었다. 길은 멀고 가방은 무거웠지만, 발걸음은 어느 때보다도 **빨랐다**. 마침내 서로 다른 방향으로 갈라서게 될 거리에서 그녀는 아쉽다는 표정으로 내게 물었다.

"오늘 밤에 와하카에서 유명한 메스칼을 마시러 갈 건데 같이 갈래?"
"오~ 그런 곳이 있어? 그런데 오늘 밤은 아닌 것 같아. 좋은 여행 해."

여행하며 다른 여행자를 위해 뭔가를 사는 일은 좀체 없다. 그게 500원짜리 간식일지라도. 본인이 먹고 싶으면 사 먹는 것이고, 돈이 부족해 그렇게 하지 못한다고 해도 내가 신경 쓸 일은 아니다. 괜히 오지랖을 부려 상대방에게 부담 줄 필요도 없다. 이것이 여행자들 사이에서의 자연스러운 방식이다.

그날은 괜한 오지랖을 부렸다. 내가 건넨 것을 먹지 않거나 다시 돌려주는 것도 그녀의 자유이다. 나는 그녀의 자유보다 내 감정을 우선시했다. 머릿속으로 너무나 이해가 되지만 여전히 얄미운 그녀. 다음부터 맛있는 젤리는 내 뱃속으로 밀어 넣어야겠다.

episodio #16

혼자 여행하는
___ 이유

"여행에서 가장 중요한 세 가지는 무엇인가요?"

여행을 다녀온 후 사람들에게 물었다. '음식, 날씨, 사람, 관광, 체력, 혼자만의 시간, 경비….' 다른 사람들은 여행에서 어떤 우선순위를 가지고 있는지 궁금했다. 내가 꼽은 세 가지는 '사람, 혼자만의 시간, 여유'였다.

멋진 것을 보여준 장소보다 멋진 사람을 만나게 해준 곳을 더 좋은 여행지로 추억하는 편이다. 빠르게 많은 곳을 여행하기보다는 느리게 방랑하는 것을 좋아해 '여유' 없는 여행은 상상할 수 없다. 가난하게 여행할 수 있지만 쫓기면서 여행할 수 없고, 맛있는 것을 먹지 못해도 좋지만 마음에 맞지 않는 동행과 시간을 보내는 것은 견딜 수 없다.

나뿐만이 아니라 많은 사람이 여행에서 '혼자만의 시간'을 중요한 것으로 꼽았다. 그다음이 '사람'이다. 여행에서 동행은 중요하지만 그보다 더 사수하고 싶은 게 혼자만의 시간이다. 우리가 일상을 벗어나 여행을 떠나는 것도 어쩌면 혼자 보내는 시간을 오롯이 확보하기 위해서가 아닐까.

정신없이 흘러가는 일상 속에서 차 한 잔 마시며 느긋이 창밖을 바라본 게 언제던가. 종이 한 장 펴놓고 의미 없는 낙서를 하거나 다이어리에 요즘 느끼는 감정들을 나열해 본 적 있는지. 무료한 행위마저 추억이 되는 시간, 게으름이 용서되는 순간이 여행이다.

낯선 여행지에서 누리는 혼자만의 시간은 색다르다. 환경과 사람들로부터 자유로운 곳에 있다 보면, 내가 진짜 뭘 원하는지를 알 수 있다. 자신의 선택에 더 집중할 수 있고 여행지에서의 자기 모습이 그동안 알던 것과는 다른 모습일 수도 있다.

멕시코에서 사무치게 외롭도록 혼자 여행을 즐긴 적 있다. 혼자 거리를 걷고, 식당에 들어가 메뉴를 고르고. 박물관에 들어가 작품을 보며 홀로 고개를 끄덕였다. 그러나 이런 시간도 사나흘이 지나면 마음의 병으로 번지기 때문에 오래 지속되지는 못한다. 병이 생기기 전에 어느샌가 타인에게 먼저 말 걸고 있는 나를 발견한다. 이런 걸 보면 낯가림도 외로움보다 강하진 못한가 보다.

일상에서는 스쳐 지나가는 관계가 피곤할 때 있지만 여행에서는 이상하리만큼 그 상황을 즐기게 된다. 혼자만의 시간을 사수하면서도 내 여정에 다른 여행자가 기분 좋은 방해를 해주기를 은근히 바라는 마음이 공존한다.

멕시코를 혼자 여행하며 셀 수 없이 많은 사람을 만났다. 내 옆에 단 한 명의 동행이라도 있었더라면 그 많은 사람과 눈을 마주하고 이야기 나누지는 못했으리라. 낯선 여행지에서 낯선 사람을 내 여행으로 끌어들이는 시간 만들기. 내가 혼자 여행하는 이유다.

푸에블라 가볼 만한 곳 BEST 3

푸에블라의 주도인 푸에블라는 멕시코시티에서 동남쪽으로 약 130킬로미터 떨어져 있다. 천사의 도시라고 불리는 이곳은 1,000개가 넘는 유럽풍 건물이 있어, 유럽인지 멕시코인지 헷갈릴 정도. 70채가 넘는 교회가 푸에블라의 골목을 빛나게 하지만 애초에 360개가 넘는 것이 정복자들에 의해 파괴되고 묻혔다.

푸에블라주에는 9개의 매직 타운(Pueblos Mágicos)이 있는데, 이는 멕시코 정부에서 전통의 가치를 인정한 곳이다. 이중 가장 가깝고 아름다운 문화유산이 바로 촐룰라이다.

로사리오 예배당
Capilla del Rosario

산토 도밍고 성당(Templo de Santo Domingo) 내 자리한 로사리오 예배당은 17세기에 바로크양식으로 지어졌다. 내부는 금빛의 향연인데 호화로운 장식과 22캐럿의 금을 입힌 타일, 그림이 예배당을 빼곡히 채운다. 멕시코에서 가장 화려하고 비싼 성당을 구경해보자.

주소 5 de Mayo y 4 Poniente no.101, Centro Histórico, Puebla, México. 개방시간 매일 10:00~12:15, 16:30~18:00. 입장료 없음. 찾아가기 소칼로 광장에서 도보 5분.

팔라폭시아나 도서관 Biblioteca Palafoxiana

푸에블라 시내 중심에 위치한 팔라폭시아나 도서관은 아메리카 대륙 최초의 공공도서관이다. 1646년에 설립됐으며 45,000권 이상의 장서를 보유하고 있다. 식민체제 아래 유럽의 문화와 전통을 충실히 이어왔기에 유네스코 세계기록유산으로 등재되었다. 개방된 도서관은 꽤 작지만, 고서적에서 수백 년의 세월을 느낄 수 있는 신비로운 장소이다.

주소 5 Oriente no.5, Centro Histórico, Puebla, México. **개방시간** 화~일 10:00~17:00, 월요일 휴무. **입장료** 25페소. **찾아가기** 소칼로 광장에서 1블록.

푸에블라 나이트버스 투어

아름다운 푸에블라의 야경과 마을 곳곳에 있는 성당을 볼 수 있는 투어이다. 낮 시간, 밤 시간 모두 가능하고 마지막 투어는 대개 밤 9시에서 10시 안으로 마감된다. 푸에블라 소칼로 광장에 가면 여러 투어사의 버스를 찾을 수 있다. 투어 요금은 투어사마다 다르며, 대략 2시간 정도의 투어를 선택하면 도시의 주요 장소들을 둘러볼 수 있다.

‖: Oaxaca :‖
와하카

episodio #17

언덕 위 고대도시,
____ 몬테 알반____

    공사가 덜 된 허름한 호스텔에서 며칠을 지내다 참다못해 한인 민박으로 옮겼다. 계속 혼자 있다가는 외로워서 고독사할 것 같았다. 혼자 하는 여행이 가장 좋지만 가끔은 어설픈 영어나 스페인어 말고 미친 듯이 한국말을 쏟아내고 싶을 때가 있다.

    다행히 한인 민박에서 살가운 성격의 동생들과 금방 친해졌고, 그중 한 동생과 함께 와하카의 대표 유적지인 몬테 알반$^{Monte\ Albán}$에 가기로 했다. 한인 민박의 젊은 여사장이었던 진블리는 120페소만 주면 택시를 타고 편하게 몬테 알반에 갈 수 있다고 했다. 그 이상을 주면 바가지를 쓰는 거라며 신신당부했다.

    나는 궁상 여행가이자 협상의 귀재이다. 남미 여행을 할 때도 버스, 호스텔, 택시, 투어비 등 할인을 안 받아본 곳이 없다. 하여간 주머니에서 돈이 나가는 모든 상황에서 협상했다. 멕시코에 온 지 얼마 되지 않아 스페인어 숫자 7과 9도 헷갈리는 동생은 나만 믿고 따라오는 눈치였다. 큰길에 나가 손을 위아래로 휘적거리며 택시를 잡았다. 멕시코에서는 대부분 목적지를 말하고 금액을 협상한 후 택시에 탄다.

Oaxaca _ 131

"안녕? 좋은 아침이야. 몬테 알반까지 얼마야?"
"음…, 250페소?"
"알았어. 잘 가."

택시기사를 보내고 헛웃음이 나왔다. 아무리 외국인이라고 해도 너무 바가지 씌우는 거 아닌가? 열불은 났지만, 어찌하랴. 200페소 가까운 금액을 부르는 택시를 몇 차례 보내고 이내 120페소에 몬테 알반까지 데려다주겠다는 정직한 택시기사를 만났다. 반의 반

도 못 알아듣는 스페인어지만 택시기사는 우리에게 몬테 알반 유적지에 관해 설명해줬다. 우리가 유적지를 충분히 구경하고 내려오면 다시 시내로 데려다주겠다는 그를 괜찮다며 돌려보냈다.

정오에 가까워지는 시간, 태양은 구름 한 점 없는 하늘에서 본격적으로 온도를 올리고 있었다. 몬테 알반 유적지의 입구에는 모자를 켜켜이 쌓아놓고 파는 한 할아버지가 있었다. 평소 쓰고 다니는 가볍고 편한 등산 모자가 있었지만, 다음 여행지인 칸쿤에서 쓸 만한 멋쟁이 모자를 하나 사고 싶었다.

카우보이모자부터 바캉스에서 제대로 뽐낼 수 있는 모자까지 다양했고 가격도 착했다. 와하카 그 어디에서 본 것보다 저렴했다. 늘 그렇듯 협상을 시도했지만 할아버지는 이곳보다 저렴한 곳은 없다며 절대 깎아주지는 않았다. 인정! 협상에는 성공하지 못했지만, 마음에 쏙 드는 모자를 샀다는 기쁨에 가벼운 걸음으로 유적지 안으로 들어갔다.

　사포테카족이 다양한 제사를 지냈던 몬테 알반은 기원전 800~400년경에 건설되었다. 유적지는 전체의 10%밖에 발굴되지 않았는데, 아직도 170개가 넘는 무덤이 땅속에 파묻혀 있다고 하니 그 가치와 잠재성이 대단하다.

　이 지역을 지배했던 문명과 독창적인 양식이 잘 보존되어 있어 와하카에서 놓쳐서는 안 될 여행지로 꼽는다. 이 정도로 규모가 클 줄 몰랐는데 끝없이 펼쳐진 광장과 거대한 신전들을 보니 사포테카족이 얼마나 고도로 발달한 기술을 가지고 있었을지 어렴풋이 짐작할 수 있었다.

　이런 유적지에는 늘 높은 계단으로 지어진 건축물이 있기 마련이었고, 여행자들은 하나같이 호기롭게 계단을 오르기 시작한다. 힘들게 높이 올라갈수록 멋진 전경을 만날 수 있는 것은 당연하다. 신전 꼭대기에 올라서자 파스텔 톤의 편안한 전경이 발아래로 펼쳐졌다.

부드러운 흙색을 머금은 유적지들은 양옆으로 펼쳐진 황금색 들판과 잘 어울렸다. 새파란 하늘에 둥둥 떠 있는 뭉게구름은 손으로 집어 당겨오고 싶을 정도로 탱글탱글했다. 산꼭대기에 거대한 도시를 세우느라 고대 사람들이 고생은 좀 했겠지만, 와하카의 골짜기를 한눈에 내려다볼 수 있어 좋았다. 유적지 풍경에 취해 이곳저곳 거닐며 동생과 이야기를 나누다 보니 팔이 익는 줄도 몰랐다. 두어 시간 동안 강한 자외선에 노출된 양쪽 팔뚝이 울긋불긋해졌다.

우리는 지친 몸을 이끌고 유적지 입구로 되돌아갔다. 입구에는 박물관과 화장실 등의 건물이 있는데, 이곳에 숨은 카페가 있다. 바로 눈앞에 두고도 잘 찾을 수가 없는데 입구가 마치 고급 레스토랑처럼 생겼기 때문이다.

레스토랑 안쪽으로 쏙 들어가자 경치가 내려다보이는 작은 카페가 있었다. 우리는 시원한 음료를 마시며 더위를 식혔고 간단한 메뉴를 주문해서 허기를 달랠 수 있었다. 왜 그토록 많은 여행자가 몬테 알반을 찾는지 알게 된 시간이었다. 찬란한 문화유산은 물론 유적지 보는 것을 즐기지 않는 사람이 있을까 봐 아름다운 전경까지 제대로 장착해뒀으니 말이다.

episodio #18

소칼로 광장의
맛___

　멕시코 도시에는 대부분 소칼로 광장이 하나씩 있다. 멕시코시티에도 푸에블라에도 있고, 와하카에도 있는 광장은 스페인에 지배받을 당시 지어진 유럽풍 건물로 둘러싸여 있다. 마을의 중심부에 있어 도시의 중앙광장 역할을 하므로 멕시코 어느 도시든 도착하면 일단 배낭을 내려놓고 소칼로 광장부터 찾아가면 된다.

　아직 노을빛이 완전히 가시지 않은 늦은 오후, 광장은 본격적으로 놀아보려는 사람들의 움직임으로 가득했다. 광장 사방에서 이제 막 장사를 시작하려는 상인들이 포차를 밀고 오거나 가방에 물건을 가득 쌓고 입장했다. 광장의 흥미로운 이벤트를 알고 있는 현지인들은 일찌감치 좋은 자리를 꿰찼다. 맛있고 저렴한 멕시코 거리 음식을 맛보고 싶은 여행자들도 쉴 새 없이 광장으로 몰려들었다. 옥수수를 사랑하는 멕시코 사람들은 막대 옥수수인 엘로테를

파는 한 상인 앞에 길게 줄지어 서 있다. 지나가던 관광객도 기대하는 표정으로 일단 그 긴 줄에 합류하고 본다. 불과 몇 미터 떨어진 곳에서 조금도 다르지 않은 똑같은 엘로테를 팔지만, 그곳에는 몇 명의 사람만 오갈 뿐. 옥수수 먹으려는 사람들은 죄다 이 상인 앞에 있다. 이곳이 바로 이동식 맛집이 아닌가?

손님들로 인산인해를 이루는 그 집 옥수수가 궁금했다. 잘 쪄낸 옥수수를 통으로 잡고 중앙에 나무젓가락을 꽂아서 옥수수 꼬치를 만든다. 물기를 털어낸 후 옥수수에 레몬을 바른다. 다시 마요네즈를 듬뿍 얹은 후 옥수수가 보이지 않을 만큼 치즈를 잔뜩 올린다. 하얀 치즈로 덩어리진 옥수수 위에 칠리 파우더나 소금을 뿌리고 손잡이 부분을 냅킨으로 한 번 감싼 후 손님에게 건넨다. 줄 서서 기다리는 사람들을 의식하는지 옥수수 상인의 손은 내 두 눈으로 다 쫓아가기 힘들 만큼 빨랐다. 아무리 봐도 옆집 옥수수와 다를 건 없어 보였다. 아저씨가 잘생겼나? 그건 더더욱 아니었다.

나는 좀 돌아본 후 인기 있는 그 집 말고 장사가 좀 시원찮아 보이는 곳에서 옥수수를 사 먹었다. 사람 마음이 그렇다. 큰 차이 없으면 잘 되는 집 말고 잘 안 되는 집의 것을 팔아주고 싶다. 나는 통 옥수수 말고 옥수수 알갱이만 담아주는 에스키테를 더 좋아한다. 종이컵에 담아서 주니 숟가락으로 옥수수 알갱이만 퍼먹을 수 있어 간편하다.

옥수수로 약간의 허기를 잠재운 나는 다음 목표물을 찾아 광장을 어슬렁거렸다. 옅은 어둠이 내려앉은 소칼로 광장 맞은편에서 하얀색 연기가 모락모락 올라오는 곳을 발견했다. 직감적으로 연기가 나는 쪽을 향해 걸었다. 성큼 다가가 보니 이동식 햄버거 가게였다.

햄버거 패티와 핫도그에 들어가는 소시지를 굽는 냄새가 온 광장에 퍼졌고 사람들의 관심은 이내 햄버거 상인에게 쏠렸다. 먼저 햄버거 만드는 모습을 관찰하기로 했다. 섣불리 주문하기에는 광장은 먹을 것 천지이기 때문이다. 햄버거를 파는 아주머니는 흠잡을 데 없는 전문가였고, 맛있을 수밖에 없는 온갖 재료가 잘 데워진 햄버거 빵 안으로 직행했다.

"아줌마! 저도 햄버거 하나 주세요."

계속 구경만 하는 것은 진즉에 반응하기 시작한 배에 대한 예의가 아니다. 아주머니는 빠른 손놀림으로 준비하면서도 채소와 패티가 맛있게 잘 익도록 내 햄버거를 소중히 다뤄주셨다.

"무차스 그라시아스!"

　감사의 마음을 표현하고 아줌마가 건넨 햄버거를 받아 들었다. 햄버거의 따뜻한 온기가 손안에서 느껴졌고 고소한 패티 냄새가 내 코를 간질였다. 빵 안에는 잘 구워진 패티와 토마토, 파인애플 그리고 달달한 양파와 양배추가 들어있었다.
　내 입은 일말의 기다림을 허락하지 않고 햄버거로 돌격! 그토록 행복한 한 입은 실로 오랜만이었다. 특별할 것 없는 흔한 재료가 들어간 햄버거였지만 그 맛은 나를 매료시켰다. 오물거림을 멈추고 싶지 않아 순식간에 햄버거를 해치웠다.
　나는 이 햄버거를 먹기 위해 3일 연속으로 소칼로 광장에 갔다. 맛의 고장인 와하카에서 다른 음식은 맛보지 않아도 되나 싶었지만 허기가 질 때 쯤이면 어김없이 햄버거만 떠올랐다.
　온종일 아무것도 하지 않고 숙소에서 뭉그적거리다가 저녁에 소칼로 광장에 나가 햄버거만 먹은 날도 있었다. 마음껏 게을러도 죄책감 들지 않는 하루. 맛있는 햄버거 하나만으로도 풍족함을 느끼는 날. 여행 중에만 가능한 일이 아닐까?

멕시코 남서쪽에 있는 와하카는 남한 땅 넓이 정도로 넓은 지역이다. 멕시코 최초의 원주민 대통령인 베니토 후아레스(Benito Pablo Juárez García)의 고향이자, 약 50만 명의 사포테카족이 살고 있어 멕시코의 대표적인 원주민 도시로 꼽힌다. 세계적으로 인정받는 음식 문화 때문에 먹을 것 옆에 먹을 게 있다고 평가받는 곳. 웅장한 성당과 유명한 박물관들, 전통과 현대를 넘나드는 개성 넘치는 거리로 여행자들에게 듬뿍 사랑받는 매력적인 도시이다.

와하카 가볼 만한 곳 BEST 4

산토 도밍고 성당
Templo de Santo Domingo de Guzmán

운이 좋으면 주말에 성당 앞에서 열리는 멕시코 전통 혼례식을 엿볼 수 있다. 전통 의상을 입은 여성과 마리아치가 모여 신랑 신부를 축하하는 축제가 열린다. 성당은 200년에 걸쳐 완성되었는데 황금으로 조각된 내부를 보고 있노라면, 당시 교회의 재력을 실감할 수 있다. 성당 주변에는 세련되고 현대적인 상점과 카페가 많은데, 잠시 카페에 앉아 한가로운 오후 시간을 보내는 것도 좋다.

주소 Calle de Macedonio Alcalá s/n, Centro, 68000 Oaxaca, México. **찾아가기** 와하카 소칼로 광장에서 6블록.

몬테 알반 Monte Albán

사포테카의 고대 도시였던 몬테 알반은 사포테카족이 다양한 신을 모시며 제사를 지냈던 곳이다. 여러 개의 신전과 중앙광장, 천문대와 같은 유적지들이 고원의 평지에 있으며, 유네스코 세계문화유산에 등재되었다. 유적지는 물론 아름다운 전경을 보거나, 도시 입구에서 파는 모자만 산다고 해도 방문할 가치가 충분한 곳이다.

주소 Monte Albán, Oaxaca, México. **개방시간** 매일 08:00~17:00. **입장료** 성인 70페소. **찾아가기** 와하카 시내에서 왕복 교통편을 제공하는 투어(오뗄 리베라(Hotel Rivera)에서 티켓 구매 가능)를 하거나, 동행이 있다면 택시를 이용한다.

이에르베 엘 아구아 Hierve El Agua

고대 사람들이 신성하게 여긴 온천으로 첩첩산중에 자리한다. 온천은 탄산칼슘으로 이루어져 탁한 에메랄드빛을 띤다. 또한 탄산수가 절벽을 타고 흐르다가 물이 모두 증발한 후 석회만 남아 있는 석회 폭포도 절경인데 마치 누군가가 절벽 끝에 거대한 모형 폭포를 만들어 붙여 놓은 듯하다. 신성한 온천과 현실 같지 않은 전경에 이끌려 이른 아침부터 관광객들이 찾는 이곳은 와하카에서 가장 가보고 싶은 명소로 꼽힌다.

주소 Hierve el Agua, Oaxaca, México. **개방시간** 매일 09:00~17:00. **입장료** 성인 25페소. **찾아가기** 와하카 중심부에서 멀고, 교통편이 매우 좋지 않아 투어를 추천한다. 와하카 여행지 다섯 곳을 하루 만에 가는 일정으로 교통편만 제공한다. 다섯 곳의 장소는 ❶ 툴레 나무(Árbol del Tule: 세상에서 가장 둘레가 큰 나무라고 알려져 있음) ❷ 메스칼 공장(Fabrica de Mezcal) ❸ 천연염색박물관 ❹ 미틀라(Mitla) 유적지 ❺ 이에르베 엘 아구아이다. 투어는 숙소나 가운 여행사에서 쉽게 신청할 수 있다(200페소부터). **여행방법** 관광객들을 피해 특별한 사진을 남기고 싶다면 평일 아침 일찍 방문할 것을 추천한다.

후아레스 시장&11월 20일 시장

후아레스 시장에서는 다양한 먹거리를 저렴한 가격에 즐길 수 있다. 여행자의 시선을 강탈하는 것은 단연 메뚜기 튀김이다. 산처럼 쌓여있는 메뚜기를 보면 맛보고 싶은 호기심에 쉬이 지나치기 어렵다.

11월 20일 시장은 일명 고기 시장으로 불리는데, 고기를 직접 고르면 현장에서 구워준다. 연기로 가득 찬 시장 안에서 고기를 맛보는 재미가 쏠쏠하다. 두 시장은 두 블록도 되지 않는 거리에 있으니 모두 둘러보기를 추천한다.

주소 **후아레스 시장** Mercado de Benito Juárez, Centro, 68000 Oaxaca, México. **11월 20일 시장** 20 de Noviembre 512, Centro, 68000 Oaxaca, México. **찾아가기** 소칼로 광장에서 2블록. 베인떼 데 노비엠브레(20 de Noviembre) 거리에 위치.

𝄆 Quintana Roo(Cancún) 𝄇
킨타나 로오(칸쿤)

episodio #19

자유여행자가 본
____ 칸쿤

카리브해는 예쁘지만, 신혼여행으로나 가는 물가 비싼 여행지. 칸쿤을 이렇게 알고 있다면 오산이다. 나는 이것보다 비뚤어진 마음과 편견으로 칸쿤을 인식하고 있었다. 물가는 비싸서 나 같은 배낭여행자는 취급도 안 해주는 곳. 바다 보는 것 말고는 할 일도 없고 치안도 좋지 않은 곳으로 말이다.

2015년, 처음 칸쿤을 여행할 때 이 편견은 모두 산산조각이 났고 칸쿤에서 8일 밤을 묵고도 아쉬움의 눈물을 흘리며 떠나야 했다. 칸쿤은 전 세계에서도 손꼽히는 휴양지 중 한 곳이다. 칸쿤을 오갈 때, 꼭 한 번은 낮에 비행기를 타고 가야 하는데 하늘에서 카리브해를 내려다봐야 하기 때문이다.

이곳처럼 청량하고 깊은 옥색 바다가 어디 있을까. 밤마다 파티와 클럽의 향연이 펼쳐지고 시내와 호텔존을 오가는 버스도 24시간 운행한다. 특히 칸쿤에서 1시간 거리에 위치한 플라야 델 카르멘Playa del Carmen은 몇 년 전부터 자유여행자에게 칸쿤보다 더 사랑받게 되었다. 바다를 보려면 칸쿤에 가고 클럽을 즐기려면 플라야 델 카르멘에 가면 된다.

Quintana Roo(Cancún) _ 147

그렇다면 물가는 정말 코피 나게 비쌀까? 칸쿤에서 큰돈을 지출하는 이유는 첫째, 비싼 호텔이고 둘째, 럭셔리 몰에서 쇼핑해서다. 레스토랑의 음식값은 멕시코 내의 다른 도시에 비하면 이해할 수 없을 정도로 비싸긴 하지만, 세계적으로 유명한 휴양 도시들에 비하면 합리적인 수준이다. 그마저도 부담된다면 타코나 브리토 종류의 저렴한 멕시칸 음식을 즐길 수 있는 곳도 많다(단, 호텔존을 벗어나야 함).

물론 칸쿤에서는 어쩔 수 없이 주머니를 열게 된다. 왜일까? 칸쿤에는 치첸이트사와 같은 마야 유적지나 각종 액티비티, 세노테, 천연 워터파크 등 돈을 내고 싶은 마음이 와락 생기는 장소가 널려 있기 때문이다. 호텔에서 편하게 쉬고 싶은 마음을 뿌리치고 밖으로 나오면 칸쿤 일대는 그야말로 종합선물세트다. 단순히 카리브해만 기대하고 짧은 일정을 잡는다면 돌아가는 비행기에서 후회와 아쉬움의 눈물을 흘릴 것이다.

episodio #20

칸쿤의 보석, ____
____ 여인의 섬

　입성하자마자 후끈한 열기로 환영식을 해주는 칸쿤. 내 여정에 맞춰 한국에서 친구가 놀러 와 함께 여행하기로 했다. 칸쿤은 특히나 동행이 필수인데, 커플과 가족 단위의 여행자들 사이에서 혼자 여행하려면 극한의 외로움을 맛봐야 하기 때문이다. 내가 이렇게 극찬하는 칸쿤도 혼자 여행한 사람치고 마냥 좋게 기억하는 사람을 보지 못했다.

　칸쿤에서 우리의 첫 목적지는 여인의 섬Isla Mujeres이다. 여인으로 유명한 섬은 아니고 스페인 정복자들이 많은 여인 조각상을 발견하여 그렇게 이름 붙였다고 한다. 칸쿤에서 고작 13킬로미터 떨어져 있는 작은 섬은 접근성이 좋아, 하루에도 수십 척의 페리가 칸쿤과 섬을 오가며 여행객을 실어 나른다.

　섬으로 향하는 페리를 탈 수 있는 선착장도 무려 5곳이나 되는데, 어디에 있느냐에 따라 가격이 다르다. 호텔존에서 가장 가까운 선착장은 왕복 19달러로, 페리 값이 가장 비싸다. 나는 수소문 끝에 편도 40페소(약 2,400원)에 우리를 여인의 섬으로 데려다줄 선착장을 알아냈다. 그곳은 호텔존과 칸쿤 시내에서도 가장 멀리 떨어진 선착장으로 화물용 페리가 오가는 곳이다. 물론 사람도 탈 수 있다.

최저가로 여인의 섬에 가겠다는 일념으로 도심에서 콜렉티보(Collectivo: 현지인들이 주로 이용하는 미니밴)를 타고 45분을 달리자 관광객 하나 없는 휑한 선착장이 하나 나타났다. 페리가 출발하기까지 시간이 많이 남아 그늘에서 잠시 쉬려고 이동하는데 기다렸다는 듯이 선착장 근처에 있던 보트 주인이 우리에게 다가왔다.

"올라! 개인 보트를 타고 섬에 가는 게 어때? 300페소에 데려다줄게."
"올라! 근데 너무 비싸잖아. 페리 타면 40페소에 갈 수 있는데?"
"페리는 1시간 후에나 출발해. 이 보트는 10분 만에 날아간다고."

최저가 페리를 타기 위해 멀리 있는 선착장까지 왔으니 기필코 40페소짜리 페리를 탈 생각이었다. 아저씨의 말발에 넘어갈 내가 아니다. 물론 아저씨가 자랑하는 보트가 살짝 궁금하긴 했다. 시간도 넉넉하니 남의 보트 구경이나 할 겸 선착장으로 이동했다. 그곳에는 에메랄드빛 카리브해와 잘 어울리는 멋진 하얀색 보트가 우리를 기다리고 있었다. 크기도 꽤 널찍했는데 안에는 동양 여자애 둘이 타고 있었다.

멕시코에 관해 잘 아는 내가 있으니 친구는 별다른 의견 없이 나의 결정을 기다려줬다. 사실 300페소면 호텔존에서 출발해 수백 명과 함께 타는 페리보다 저렴한 가격이다. 우리가 외진 선착장에 왔으니 값이 이 정도이지, 호텔존 근처였으면 가격을 두 배로 불렀을 것이다. 꼼꼼히 따지고 또 따졌다. 300페소는 적지 않은 돈이지만 내가 살면서 언제 카리브해에서 이런 개인 보트를 타 볼 수 있을까.

"둘이 합쳐 300페소 맞지?"(돈을 낼 때가 되면 갑자기 일 인당
가격이었다고 말을 바꾸는 경우가 있다)
"응. 둘이서."

"에이~ 친구. 250페소에 해 줘."(갑자기 아저씨에서 친구가 되었다)
"안 돼! 남는 게 없어. 둘이 300페소."

어차피 우리를 태우지 않아도 출발할 보트였고, 주인은 추가로 돈을 벌려고 하는 게 아닌가? 웬만한 대화로는 풀리지 않을 거 같아 협상할 때 쓰는 비장의 무기를 꺼냈다. 별것은 아니고 아저씨 눈을 똑바로 바라본 후 살짝 웃으면서 다시 한 번 물어본다.

"정말로 250페소는 안 돼~?"
"오케이!"
"끼야~, 그라시아스!!"

세상을 다 가진 기분이었다. 보트는 물살을 가르며 빠르게 나아갔다. 엄청난 속도로 인해 마치 물 위를 거의 날아가는 듯했다. 보트에 먼저 타고 있던 동양 여자애가 내게 말을 걸어왔다. 우리가 보트에 합승했으니 얼마의 돈을 냈는지 궁금했던 모양이다. 둘이 250페소를 냈다고 하니 놀라는 표정이었다. '25달러가 아니고?' 라고 되물어 나는 고개를 가로저었고 더는 말을 시키지 않았다.

여인의 섬은 그 자체만으로도 유명하지만, 진짜 아름다운 광경은 육지에서 섬으로 가는 도중에 볼 수 있다. 태양을 머금은 바다는 금빛으로 반짝였다. 그러다가 지독히도 진한 에메랄드빛을 뿜어내기를 반복했다. 페리를 타고 이동하는 사람들도 모두 선상으로 나와 그저 말없이 바다를 응시했다. 눈이 파래지도록 바다를 바라보자 온몸이 정화되는 기분이 들었다.

여인의 섬에는 수심 8미터 아래에 해저박물관이 있어 500여 점에 이르는 실물 크기의 조각상을 볼 수 있다. 관광객들은 스쿠버다이빙으로 바다 아래에 있는 해저박물관을 탐험하거나 스노클링을

즐긴다. 일명 '골프카'인 사륜 전동 오토바이를 빌려 마을을 돌아보는 여행자도 많다.

두 번째 방문한 여인의 섬이지만 내 여행방법은 처음과 조금도 다르지 않다. 작열하는 태양 앞에서 우리는 그저 에메랄드 해변을 바라보며 편히 쉬고 싶었다. 맛집을 찾아가거나 오토바이를 빌려 마을을 돌아보는 것에 시간을 쏟지 않았다.

바다가 잘 보이는 퍼블릭 비치에서 파라솔과 선베드 2개를 빌렸다. 방금 사 온 캔 맥주 표면으로 물방울이 주르륵 흘러내리는 날씨. 금세 미지근해진 맥주를 따서 한 모금 들이켰다. 발아래에 놓인 바다를 실컷 구경하고 이내 더워지면 해수욕을 즐겼다. 그리고는 다시 선베드에 누워 따뜻한 바람으로 옷을 말렸다. 아름다운 카리브해와 미지근한 맥주 한 잔이면 충분했다. 더 좋은 것을 바랄 이유가 없었다.

여인의 섬은 이제 완전히 관광지가 되었다. 호객행위 하는 식당의 종업원과 마사지를 부르짖는 상인들로 메인 거리는 무척 시끄럽다. 그런 혼잡함 속에서도 해변은 한결같이 눈부시다. 내가 칸쿤에 간다면 여인의 섬을 다시 찾을 이유다.

여인의 섬으로 가는 페리 선착장

칸쿤 시내

- **푼타 삼(Punta Sam, Puerto Sam) 선착장**

  편도 40페소의 화물용 페리이다. 가장 저렴하나 도심에서 멀고 운행이 드물다.

- 추천 **푸에르토 후아레스(Puerto Juárez) 선착장**

  편도 160페소 왕복 300페소. 칸쿤 시내에서 가장 가까우며 30분에 한 대꼴로 운행해 편리하다.

호텔존

- **플라야 토르투가스(Playa Tortugas) 선착장**

  편도 14달러(약 250페소), 왕복 19달러. 호텔존에 있는 관광객이 가장 많이 이용하는 선착장이다. 예쁜 토르투가스 해변에서 잠시 시간을 보내다가 이동해도 좋다.

※ 울트라마르(Ultramar)는 칸쿤과 여인의 섬의 페리를 운행하는 대형 선박회사다. 홈페이지(www.ultramarferry.com/en)에서 정확한 페리 운항 시간대를 확인하고 출발하자.

episodio #21

10페소의
_____ 눈물

    카리브해에 떠 있는 거대한 섬. 다이버들의 천국이자 이름마저 상큼한 코수멜^{Cozumel}섬에서 하루 놀고 나오던 길, 잔뜩 기대했다가 온종일 달러를 탈탈 털린 채로 육지로 돌아가는 유람선을 기다리고 있었다. 배가 출항하기까지 시간이 좀 남아 허기를 달랠만한 간식을 찾아다녔다. 평소에 즐겨 먹던 과일컵이나 옥수수도 있었지만 담백해 보이는 바나나 튀김을 한 봉지 골랐다. 이제 일상에서 흔히 쓰는 스페인어 정도는 막힘없이 말할 수 있었다. 상인에게 성큼 다가가 자신 있게 말했다.

    "Hola, Qué precio tiene esto?(안녕, 이거 얼마예요?)"

    간식 파는 상인이 나를 돌아보지 않았더라면 목소리만 듣고는 내가 동양인인지 모르지 않았을까 자신해본다. 된소리가 잘 되는 한국인이 스페인어를 당차게 발음할 수 있는 비결이랄까.
    잠시 삼천포로 빠지면 우리는 저 문장을 '께 쁘레시오 띠에네 에스또?'라고 비교적 정확하게 발음하지만, 혀가 너무 잘 굴러가는

영국 오빠 혹은 미국 언니들은 이렇게 발음한다. '케 프뤠시오 티에네 에스토?'

"Treinta pesoes(30페소예요)."

상인이 쳐다보지도 않고 이야기한 걸 보니 나를 현지인으로 생각한 것이 틀림없었다. 그나저나 30페소라니! 역시 거리 간식도 비싸구나. 하긴 이곳은 멕시코지만 달러를 받는 미국 섬이라고 해야 무방할 것 같은 코피 나게 물가가 비싼 코수멜섬 아닌가. 다른 지역에서는 궁상맞게 여행해도 칸쿤에서만큼은 그러지 말자고 마음먹지 않았나. 과감히 1,800원짜리 바나나 튀김을 집었다.

"그라시아스."

상인에게 밝게 웃어 보이며 감사 인사를 건넸다. 길쭉한 바나나 튀김 끝을 잡고 아작아작 소리를 내며 먹었다. 고소하면서도 달달해 간식으로 좋은 선택이었다. 몇 발자국 걸어 나갔을까. 또 다른 무리가 간식 파는 상인 쪽으로 몰려들었고 그들은 내가 산 것과 똑같은 바나나 튀김을 가리켰다.

"Veinte pesoes(20페소예요)."

하. 난 듣고야 말았다. 20페소라는 말을. 따지고 보면 600원 정도의 바가지이지만 나는 이 세상에 뒤통수를 맞은 느낌이었다. 내가 무려 10페소나 더 주고 바나나 튀김을 샀다는 사실에 이성을 잃었으며 담백했던 바나나 튀김도 덩달아 맛을 잃었다.

하필 왜 그 순간 바삭한 바나나 튀김을 즐기는 것에 집중하지 않고 뒤에 있는 무리에게 귀가 번쩍 뜨였던 걸까. 하필 왜 내가 아무리 흥정 잘하고 바가지 안 쓰는 여행가라지만, 가끔은 외국인이니 어쩔 수 없이 손해 볼 수도 있다는 생각을 안 했을까. 하필 나는 왜 그토록 스페인어를 좋아해 이제 숫자는 1에서 만 정도까지는 거뜬히 말하고 듣는 수준이 되었던 걸까.

episodio #22

____ 비바 메히꼬 Viva México!

 칸쿤에서 해안선을 따라 남쪽으로 약 1시간 반 남짓. 스칼렛 Xcaret 은 카리브해의 아름다움을 온몸으로 체험할 수 있는 에코 테마파크이다. 약 40여 개의 놀이기구와 함께 동물원, 수족관 등이 있어 가족과 연인, 친구들과 함께 풍족한 하루를 즐길 수 있는 칸쿤

의 종합선물세트이다. 물의 움직임에 따라 수로에서 스노클링을 하면서 느긋이 터널 한 바퀴를 돌 수 있다. 스칼렛 안에서 해안가 쪽으로 조금만 걸어 나가면 에메랄드빛이 넘실거리는 진짜 카리브 해도 만나게 된다.

바다 쪽으로 향해 있는 선베드에 누워 잠시 휴식을 취하고 있으니 기분 좋은 바람이 온몸을 훑고 지나간다. 해가 지기 전에 전망대 놀이기구를 타면 스칼렛 일대의 전경과 아름다운 일몰을 감상할 수 있다. 여의도의 세 배가 넘는 크기의 대형 테마파크로 어찌나 즐길 거리가 많은지 우리나라에 이런 곳이 있다면 당장 평생 회원권을 끊고 싶은 심정이다.

여기서 끝이 아니다. 스칼렛의 하이라이트는 저녁 7시부터 시작된다. 입구 쪽에 있는 대형 경기장에서 고대 마야 공연이 시작되는데, 이 쇼가 아주 수준급이다. 멕시코 문화나 스페인어를 잘 몰라도 누구나 즐겁게 볼 수 있다. 멕시코 사람들이 고대에 즐겨 했던 게임을 실제 경기장에서 시전한다.

각 주마다 화려한 전통의상을 입고 나와 한바탕 춤사위가 벌어졌는데, 당장 무대로 난입해 함께 어깨춤을 흔들고 싶었다. 멕시코의 종교의식인 볼라도레스(Voladores: 하늘을 나는 사람들) 또한 빠지지 않았는데 높은 장대와 무용수들의 아찔한 움직임도 놓칠 수 없는 볼거리다.

약 2시간 동안 진행되는 프로그램인데, 1부 쇼가 끝난 후 잠시 쉬는 시간에도 짐을 챙겨서 나가는 이가 거의 없다. 수천 명의 관중이 공연에 몰입하고 여기저기서 힘찬 박수와 함성이 터져 나온다. 엄청난 예산을 아낌없이 투자한다는 느낌이 드는 퀄리티 높은 쇼였다. 다채롭고 감동적이어서 공연자들 몸짓 하나하나를 놓치고 싶지 않았다. 쇼가 막바지에 이르면 어느샌가 기립하여 다른 사람들과 함께 '비바 메히꼬 멕시코 만세!'를 외치게 되는 자신을 만나게 될 것이다.

스칼렛의 놀이시설만으로도 이미 풍족하지만, 저녁 대공연은 가슴을 강하게 울리는 감동을 남겼다. 지불한 입장료가 전혀 아깝

지 않았다. 도대체 어느 부분에서 아까워해야 할지 알 수 없었다. 퇴장하면서 공연자에게 팁을 주고 싶은 마음까지 들었지만 따로 팁을 줄 수는 없었다.

스칼렛은 표면적으로는 그저 인공적으로 만든 테마파크일 뿐이다. 그러나 나에게는 멕시코의 문화, 역사, 사람을 한눈에 보고 즐길 수 있는 곳으로 멕시코 석 달 여행 중에서 가장 강하게 기억에 남는 최고로 애정하는 장소이다.

마야어로 뱀이라는 뜻의 칸쿤은 아름다운 카리브해만 만끽하고 돌아가기에는 아쉬운 곳이다. 세계적인 휴양지로서의 칸쿤과 고대 마야문명이 어우러져 특유의 문화가 공존한다. 연평균 27~28°C를 유지하는 맑은 날이 많아 언제 여행해도 마음 편한 곳. 고대 마야문명의 피라미드와 유적지들, 아름다운 섬과 세노테 등. 보고 즐길 것으로 가득 찬 칸쿤은 종합선물세트다.

칸쿤 가볼 만한 곳 BEST 7

여인의 섬 Isla Mujeres

칸쿤에서 가장 가까운 섬으로 잔잔한 해변에서 수영을 즐길 수 있어 많은 이가 찾는다. 특히 육지에서 섬으로 향하는 도중 페리에서 보는 카리브해가 하이라이트. 깊고 청량한 에메랄드빛 바다에 넋을 잃게 된다.

주소 Isla Mujeres, México. 찾아가기 칸쿤 선착장에서 페리로 약 30분 소요(칸쿤에서 북동쪽으로 약 13킬로미터).

스칼렛 Xcaret

땅굴 수영, 스노클링, 수족관, 해양 생물, 각종 놀이시설, 놀라움의 연속인 저녁 마야 공연까지. 편리한 시설과 수준급인 이벤트로 하루 종일 풍족하게 놀 수 있는 곳이다. 워낙 즐길 거리가 넘치니 아침 일찍 방문하는 것이 좋다. 고민 말고 가시라! 온몸으로 멕시코와 카리브해를 느끼고 즐기시라!

주소 Carretera Chetumal-Puerto Juarez Km. 282, Playa del Carmen 77710, México. 개방시간 매일 8:30~21:00. 입장료 프로그램마다 티켓 가격 상이. 홈페이지(www.xcaret.com) 참조. 찾아가기 투어를 이용하거나 콜렉티보 이용 시 플라야 델 카르멘(Playa del Carmen)에서 한 번 환승한다(칸쿤에서 남쪽으로 약 76킬로 미터).

셀하 Xel-Há

강과 바다가 만나는 곳에 만든 천연 워터파크로, 칸쿤에서는 약 2시간 정도 소요된다. 아름다운 카리브해는 물론 스노클링, 동굴 수영 등을 즐길 수 있고, 다양한 해상생물을 볼 수 있다. 스칼렛에 비해 입장료가 저렴하고 입장객들은 뷔페와 음료를 무제한으로 즐길 수 있다.

주소 Km 240 Carretera Chetumal Puerto Juarez | locales 1 & 2, modulo B, Solidaridad, 77780, México. **개방시간** 매일 08:30~18:00. **입장료** 프로그램마다 티켓 가격 상이. 홈페이지(www.xelha.com) 참고. **찾아가기** 투어를 이용하거나 콜렉티보를 타고 이동한다. 셀하+툴룸을 묶어서 하는 투어도 괜찮다(칸쿤에서 남쪽으로 약 114킬로미터).

툴룸 Tulum

마야 유적지와 빛나는 백사장을 가진 해변을 동시에 즐길 수 있는 곳, 바로 툴룸이다. 이곳은 고대 마야 시대에 활발한 교역이 이루어진 곳으로, 현재는 큰 성채가 남아있고 다양한 동식물을 만날 수 있다. 고대의 역사 현장을 둘러보다 더우면 이내 카리브해로 뛰어들어 수영을 즐길 수 있는 곳으로 칸쿤 일대에서도 아름다운 유적지로 손꼽힌다.

주소 Carretera federal 307 Cancún – Chetumal Km 230, 77780 Tulum, México. **개방시간** 매일 08:00~17:00. **입장료** 70페소. **찾아가기** 투어를 이용하거나 콜렉티보를 타고 이동한다. 칸쿤에서 출발한다면 플라야 델 카르멘에서 한 번 환승한다(칸쿤에서 남쪽으로 약 172킬로미터).

코코봉고 Coco Bongo

많은 관광객이 찾는 클럽 코코봉고는 칸쿤과 플라야 델 카르멘 두 곳에 있다. 밤 11시부터 2시에는 세계적으로 유명한 가수들의 커버곡을 부르거나 서커스를 방불케 하는 화려한 쇼가 펼쳐진다. 단순히 춤을 추는 클럽이라기보다는 쇼를 구경하는 곳에 가깝다. 멕시코를 넘어 아메리카 전 대륙의 음악과 열정을 느낄 수 있어 나이트라이프를 좋아하는 사람이라면 꼭 가봐야 할 곳!

주소 칸쿤 Blvd. Kukulcan Km. 9.5, Zona Hotelera, 77500 Cancún, México. 플라야 델 카르멘 Calle 12 Nte 10, Gonzalo Guerrero, 77710 Playa del Carmen, México. **영업시간** 매일 22:30~05:00. **입장료** 현장 구매 80 USD, 온라인 예매 70 USD. **홈페이지** www.cocobongo.com **팁** 클럽 주변에는 호객행위가 심하다. 분장한 사람들이 몰려와 먼저 사진을 찍자고 청한 후 무리하게 팁을 달라고 하는 경우가 많은데 강력하게 거절하면 된다.

세노테 Cenote

세노테는 석회암이 무너져 내리면서 지하수가 생긴 샘인데 큰 우물이라고 생각하면 된다. 멕시코에만 천 개에 이르는 크고 작은 세노테가 있지만, 특히 유카탄반도에서 많이 발견할 수 있다. 자연이 만든 대형 풀장에서 여행자들은 다이빙과 수영을 즐기면서 시간을 보낸다. 입장료는 세노테마다 다르고 인기가 좋은 곳은 온종일 사람으로 북적인다.

여행방법 유카탄주에만 수많은 세노테가 있다. 이동 및 세노테에서 수영하는 데 3시간 정도 잡고 다른 장소와 묶어서 여정을 계획하면 좋다. 추천하는 세노테는 도스 오호스(Dos Ojos), 그랑(Grand), 이킬(Ikkil) 등이다.

홀복스섬 Isla Holbox

칸쿤의 유명세 때문에 한국인에게는 잘 알려지지 않았지만 얕은 물에서 화이트 비치를 즐기고 싶다면 홀복스섬이 제격이다(현지인 발음은 '홀보쉬'에 가까움). 홍학, 펠리컨, 플라멩고, 희귀새 등을 볼 수 있지만 그중에서 제일은 고래상어 투어를 할 수 있다는 것이다(시즌은 5~9월). 조류 서식지로도 유명해 조류 애호가들에게 사랑받는 섬이며 재미있는 벽화가 있는 거리를 구경하는 것도 좋다.

찾아가기 칸쿤 아데오(ADO) 버스 터미널에서 치킬라(Chiquilá)행 버스 탑승 후(약 3시간 소요), 페리를 이용해 홀복스섬으로 이동한다(약 30분 소요). 칸쿤에서 치킬라행 버스 운행이 드물기 때문에 미리 시간대를 확인하거나 예약해야 한다.

칸쿤 교통의 중심, 아데오(ADO) 버스

칸쿤에서는 '아데오 버스'를 기억하자. 가까운 거리는 콜렉티보를 이용하지만 도시 간 이동은 아데오가 책임진다. 칸쿤 공항에서 시내, 플라야 델 카르멘, 바칼라르, 바야돌리드 등 유카탄반도를 운행한다. 구글에서 'ADO'를 검색하거나 앱 스토어에서 'ADO Móvil'을 다운 받으면 간편하게 시간과 요금을 확인할 수 있다.

episodio #23

에메랄드빛 민물 호수,
____ 바칼라르

    유카탄반도의 진짜 즐길 거리는 칸쿤을 살짝 벗어나야 비로소 시작된다. 애초부터 나의 목적은 칸쿤이 아니었다. 칸쿤에서 버스로 약 5시간. 해안선을 따라 남쪽으로 345킬로미터 쭉 내려오다 보면 만날 수 있는 곳. 그동안 카리브해에서 짠물 먹어가며 수영했다면 이제 단물을 맛볼 수 있는 민물 호수인 바칼라르에 도착했다.

    여행지에 가기 전에 설레 본 게 얼마 만이던가. 바칼라르에는 레스토랑과 호텔, 각종 액티비티숍이 호수 풍경을 가로막은 채 죽 늘어서 있다. 호수를 가까이 보기 위해서는 식당에 들어가서 뭔가를 사 먹은 후 시설을 이용하는 식이다. 물론 10페소만 내고 갈 수 있는 퍼블릭 비치나 아예 무료인 곳도 있지만, 그런 장소는 위치가 좋지 않거나 예쁜 호수를 볼 수 없다.

    어차피 밥도 먹어야 하고 예쁜 호수도 가까이서 볼 겸 친구와 나는 중심부에서 가장 멀리 있는 라스 벨라스 Las Velas로 향했다. 바칼라르에서는 걸어서는 이동이 어려운데 우리는 다행히 숙소에서 자전거를 빌릴 수 있었다. 호수를 따라 바람을 가르며 힘껏 자전거 페달을 밟았다.

라스 벨라스는 레스토랑을 운영하면서 카약킹이나 호수를 둘러보는 투어를 하는 곳인데 손님은 거의 없었다. 사람들은 이곳이 멀어서 혹은 덜 알려져서 오지 않는 모양인데 덕분에 평화롭고 아름다운 경치는 모두 우리 차지였다.

 식당은 꽤 높은 곳에 있었고 호수는 한참 발아래 있었기에, 위에서 내려다보는 시원한 전경을 만끽할 수 있었다. 햇볕은 뜨거워 땀은 흘렀지만 이내 시원한 바람이 불어와 후덥지근한 열기를 앗아갔다. 아침을 먹지 않았기에 오믈렛과 커피 등 간단하게 먹을거리를 주문했다. 우리를 향해 밝게 웃는 주인이 아침 식사를 내왔다. 정갈하게 차려진 음식은 맛이 정말 좋았다.

오믈렛을 한 입 먹고 에메랄드 바칼라르 호수를 눈에 담으니 이곳이 지상낙원이다. 그동안 아등바등했던 일들이 따스한 햇볕에 증발하고 미지근한 바람에 흩어지는 기분이었다. 우리가 중심부에서 먼 라스 벨라스까지 온 건 묵고 있던 숙소의 서비스 혜택으로 이곳에서 카약을 탈 수 있었기 때문이다. 밥을 다 먹고 볼록해진 배를 두들기고 있자 식당 직원들은 우리에게 구명조끼를 건네줬고, 나와 친구는 각자 1인용 카약을 타게 됐다.

정수리가 익는 뜨거운 시간이었지만, 우리는 카약을 타고 멀리 멀리 노를 저어서 나갔다. 수심이 깊지 않아 물에 들어가도 무릎 정도밖에 안 되는 곳도 있었고 조금 더 깊은 곳도 있었다. 물 깊이에 따라 에메랄드빛 호수는 옅었다가 다시 진해졌다. 바닥까지 투명하게 보이는 호수에서 카약킹을 하다니 영화의 한 장면 안에서 노를 젓는 기분이었다. 라스 벨라스에서의 즐거운 카약킹을 마치고 우리는 서둘러 다음 장소를 향해 힘차게 내달렸다.

바칼라르에 대한 정보가 별로 없었지만, 숙소에 도착했던 첫날, 숙소 주인인 알도는 가볼 만한 몇 장소들을 추천해줬다. 어디는 음식 맛이 좋고, 어디는 노을이 환상적이고, 어디에 가면 멋진 사진을 찍을 수 있다고 했다. 해당 장소의 특징을 지도에 빼곡히 적은 종이를 잘 챙겨 다녔다. 이제 막 도착한 곳은 식사도 맛있고 경치도 좋아 바칼라르의 랜드마크로 불리는 '로스 알루세스 Los Aluxes'다.

밥을 먹고 왔기에 구경만 하다 가고 싶었지만, 그러자니 마음이 불편하고 양심에 찔렸다. 간단하게 감자튀김과 작은 사이즈의 세비체^{Ceviche}를 주문하고 화장실에 갔다. '이게 뭐야!' 깜짝 놀라서 황급히 화장실을 뛰쳐나왔다. 분명 여자 화장실인 걸 확인하고 들어왔는데 화장실 칸 안쪽에 남자가 있었다. 화장실 문 아래쪽으로 분명히 남자 바지통과 구두를 봤다. 당황해서 사색이 된 나는 눈이 마주친 직원에게 다가가 말했다.

"여자 화장실 안에 남자가 있어."
"아~, 그거 무녜꼬야. 무녜꼬."

직원은 웃으면서 나를 달랬다. '가만있자. 스페인어로 무녜꼬가 뭐지? 분명 많이 들어본 단어인데….' 기억해 내는 사이 직원은 화장실로 가서 문을 열어젖힌 후 나에게 그 남자를 확인시켜줬다. 그곳에는 노랑 정장을 입은 신사가 한쪽 발을 문밖으로 내밀고 있는 동상이 있었다. 무녜꼬^{Muñeco}는 인형을 뜻하는 말이다. 매번 놀라는 손님들을 보는 직원들은 얼마나 지겨울까 라는 생각이 문득 들었다.

그사이 주문한 음식이 나왔다. 세비체는 옆 테이블에서 먹는 걸 보고 맛있어 보여서 주문했는데 아주 성공적인 메뉴 선택이었다. 생선 살, 새우, 토마토, 고수 등을 넣고 레몬즙을 죽 짜서 만든 세비체는 신선하면서도 새콤해서 입에 맞았다. 그 흔한 메뉴인 감자튀김도 왜 그리 맛이 좋은지 동공이 확장됐다. 그 전 레스토랑에서 오믈렛을 먹었다는 사실을 잊고 맛있는 식사를 즐겼다.

배가 좀 불러오자 이곳의 랜드마크인 호수 위의 그네를 타기 위해 밖으로 나갔다. 선탠을 즐기는 여행자들이 태양 아래 누워 나른한 오후를 즐기고 있었다. 그 옆에는 청량한 호수 위에 나무로 만들어진 두 개의 그네가 있었다. 폴짝 뛰어 물 위에 떠 있는 그네에 안착했다. 발아래로 찰랑이는 호수와 바람을 느끼며 그네를 탔다. 세상 어디에 이보다 평화롭고 아름다운 호수가 존재할까?

하이라이트가 남았으니 아쉬움을 뒤로 한 채 다음 장소로 이동했다. 알도는 우리에게 호텔 라구나 바칼라르^{Hotel Laguna Bacalar}에서 진행하는 호수 보트투어를 추천해 주었다. 출발을 기다리는 동안 호텔에서 호수 전경을 즐겼다. 호텔은 오래돼 보였지만 높은 곳에 있어 경치가 끝내줬다. 다음 여행에는 경비를 더 모아서 바칼라르 호수가 훤히 보이는 이 호텔에서 묵으리라 다짐했다.

사람들이 모이고 우리는 각자 구명조끼를 입은 채 보트에 올랐다. 양쪽으로 널찍하게 놓인 벤치에 앉았는데 이제는 놀랍지도 않게 스페인어로 진행되는 가이드였다. 보트는 천천히 이동하며 바칼라르의 주요 장소들을 들렀고 우리는 여유 있게 호수 풍경을 눈과 카메라에 담을 수 있었다.

어떤 포인트에서는 스노클링을 할 수 있게 잠시 멈추었는데 깊이가 아득했다. 구명조끼를 입고도 물에서 벌벌 떨고 있는 나와는 다르게 함께 보트에 탔던 멕시코 소녀는 자유롭게 헤엄쳤다. 물과 친숙한 소녀의 움직임이 부럽고도 신기해서 계속 바라봤다. 보트는 다시 달려 수심이 매우 낮은 곳에 도착했는데 이곳이 보트 투어 만남의 광장인가 보다. 우리 말고도 다른 보트에 탔던 사람들이 한데 모였고 30분이라는 자유 시간이 주어졌다.

수심이 낮으니 겁먹지 않고 개헤엄을 시도해 볼 수 있었고 물을 먹어도 달콤하니 괜찮았다. 사람들은 한가로이 사진을 찍거나 호수 바닥에 있는 흙을 긁어서 온몸에 덕지덕지 바르기도 했다.

돌아오는 길에는 새가 많이 모여 있는 버드아일랜드에 들렀다. 그들만의 공간이니 새가 놀라서 푸드덕거리고 날아가지 않도록 보트의 엔진을 잠시 끄고 섬과의 거리도 유지했다. 태양의 기세가 한풀 꺾인 걸 보니 시간이 다 되었나 보다. 2시간의 알찬 투어로 바칼라르를 가까이 마주할 수 있었고 그만큼 더 좋아져 버렸다.

장소1. **라스 벨라스 (Las Velas)**

주소 Avenida Costera No. 169, Bacalar, México.

장소2. **로스 알루세스 (Los Aluxes)**

주소 Avenida Costera Bacalar 67, Bacalar, México.

장소3. **호텔 라구나 바칼라르 (Hotel Laguna Bacalar)**

주소 Avenida Costera 479, Bacalar, México.

바칼라르 추천 맛집 BEST 4

에메랄드빛 달달한 민물 호수인 바칼라르는 칸쿤에서 약 5시간을 달리면 만날 수 있는 평화롭고 작은 마을이다. 사람들에게 본격적으로 입소문 난 지 몇 년이 채 되지 않아 칸쿤과는 다르게 적은 관광객이 느리게 움직이는 곳이다. 바칼라르 호수를 구경하기 가장 편하고 비싼 방법은 바로 호수를 둘러싸고 있는 레스토랑을 이용하는 것이다. 맛있는 식사도 하고 시간제한 없이 호수도 즐길 수 있으니 일석이조다.

라 플라이타 La Playita __ 먹고, 마시고, 수영하고

음식과 음료가 맛있어서 두 번이나 방문한 레스토랑이다. 소문을 듣고 온 사람들로 항상 북적이기 때문에 여유를 가지고 주문하면 좋다. 야외 테이블에 앉아 에메랄드 호수와 노을을 바라보며 식사할 수 있어서 한껏 분위기 낼 수 있는 곳. 메뉴가 다양하고 음식 퀄리티가 좋은데 특히 멕시코 요리와 해산물 요리가 맛있다. 신선한 과일 음료나 칵테일 한 잔을 마시는 즐거움도 놓치지 말자.

주소 Av. Costera Esq. Calle 26, Bacalar, México. **영업시간** 매일 12:00~24:00. **추천메뉴** 멕시코 요리와 해산물. **찾아가기** 산 펠리페(Fuerte San Felipe) 요새에서 호수 방향으로 2블록.

엘 마나티 El Manati __ 먹고, 마시고, 구경하고

갤러리와 상점을 함께 운영하고 있으며, 쿠킹 클래스도 열리니 관심 있으면 체험해보기를 추천한다. 조식으로 유명한 식당이라 아침이 되면 많은 여행자가 엘 마나티로 모인다. 깔끔한 식사와 유기농 과일 주스를 맛보며 바칼라르에서의 하루를 시작해 보자.

주소 Calle 22 116, Centro, Bacalar, México. **영업시간** 매일 08:00~21:00. **추천메뉴** 아침 식사와 과일 음료. **찾아가기** 소칼로 광장 끝자락에 있다.

로스 알루세스 Los Aluxes __ 먹고, 마시고, 수영하고

물 위에 떠 있는 그네로 유명한 이곳은 아름다운 경치와 수영을 즐기려는 여행자들이 찾는다. 호수 위에서 그네를 타고 오후 시간을 보내면 이곳이 바로 지상낙원이다. 음식도 깔끔하고 맛 좋은데 특히 세비체 추천. 세비체를 즐기지 않는다면 작은 사이즈를 주문해서 맛만 보는 것도 좋다. 여자 화장실에 들어갈 때는 놀라지 말 것.

주소 Avenida Costera Bacalar 67, Bacalar, México. **영업시간** 매일 07:00~21:00. **추천메뉴** 해산물 요리. **찾아가기** 소칼로 광장에서 자전거로 약 20분.

망고 이 칠레 Mango y Chile __ 먹고, 마시고, 채식

유기농 재료로 만든 건강한 햄버거와 샐러드를 맛볼 수 있는 곳이다. 햄버거에 들어가는 패티 또한 곡물로 만드니 고기를 좋아하는 사람이라면 과감히 패스. 언덕 아래로 아름다운 호수를 볼 수 있어 낮에는 전경이 아름답고 밤에 가면 분위기 있으니 차 한 잔 마시러 가기에도 좋다.

주소 Av.3 Fuerte San Felipe, entre calle 22 y calle 24, Centro, 77930 Bacalar, México. **영업시간** 수~월 13:00~21:00, 화요일 휴무. **추천메뉴** 채식 햄버거, 유기농 주스. **찾아가기** 소칼로 광장에서 도보 2분.

‖: Yucatán :‖
유카탄

episodio #24

신들이 놀다 간
____ 치첸이트사

멕시코가 피라미드로 유명하다고 하면 많은 사람이 고개를 갸우뚱할 것이다. 세계에서 가장 많은 피라미드가 있으며 그 형태 또한 다양해서 멕시코인들의 피라미드 자부심은 대단하다. 그런 이유로 마야문명의 흔적을 잘 보존하고 있는 치첸이트사 Chichén Itzá는 멕시코의 피라미드에서 아주 중요한 역할을 한다.

이곳의 피라미드는 6~11세기경에 세운 것으로 추정된다. 멕시코 피라미드의 특징은 꼭대기를 평평하게 만들어 제사를 지낼 수 있는 공간을 만들었다는 것이다. 꼭대기가 뾰족하지 않으니 보다 안정적이고 거대한 느낌을 준다.

치첸이트사에서 가장 아름다운 구조물은 쿠쿨칸 Kukulkan: 깃털이 달린 뱀의 형상 피라미드인 엘 카스티요 El Castillo이다. 피라미드의 사면에는 각각 91개의 계단이 있고 신전까지 합치면 계단은 총 365개로 1년의 날짜 수와 같다. 이는 고대에 달력이 존재했음을 의미해 놀라움을 더한다. 몇 년 전만 해도 피라미드 계단에 오를 수 있도록 개방했으나, 낙상사고로 현재는 멀리서만 지켜봐야 한다. 대신에 사람 하나 없는 피라미드 그대로의 모습을 사진에 담을 수 있는 건 좋다.

거대한 치첸이트사 유적지에는 피라미드와 경기장, 전사의 신전과 세노테까지 볼거리가 다양하다. 마야 사람들은 신들도 인간과 다르지 않다고 믿었다. 그래서 신들이 게임을 하고 놀 수 있도록 경기장을 만들었다고 하니 유래가 재밌다. 이처럼 유적지의 다양한 건축물과 화려한 조각장식을 구경하다 보면 한두 시간으로는 부족해 바쁘게 움직여야 한다.

치첸이트사는 칸쿤 일대 관광객의 집합장소이다. 낮에는 해변에서 수영하고 밤에는 클럽에서 열정적으로 즐기던 사람들이 어떻게 이른 아침부터 피라미드로 몰려드는지 모를 정도로 엄청난 인파가 찾아온다. 치첸이트사와 같은 유적지들은 면적이 광범위하고, 나무 그늘이 드물어서 햇볕을 피하려면 많이 움직여야 한다는 것이다. 그래서 시원한 생수나 간식은 필수다. 타들어 가는 정수리

를 보호하기 위해 모자는 물론이고 온몸을 가릴 우산을 쓰는 것도 괜찮은 방법이다.

끝을 알 수 없는 건축물들을 구경하다 보면 이따금 분홍색 우산을 쓴 무리가 보였는데 그렇게 부러울 수가 없다. 얼굴에 철판을 깔고 그들의 우산 그늘에 잠시 들어가고 싶을 정도로 치첸이트사는 아침부터 푹푹 쪄댄다. 가능한 한 아침 일찍 구경한 후 정오를 넘기지 않고 유적지를 빠져나가는 게 생명 유지에 도움이 된다. 우기에 치첸이트사를 방문한다면 벼락같이 쏟아지는 소나기에 혼비백산할지 모른다. 돌아가는 길에 근처에 있는 세노테에 들러 한낮의 열기를 식히는 천연 우물 수영을 즐기는 것도 좋다.

치첸이트사는 유카탄 최고의 쇼핑센터이기도 하다. 칸쿤, 플라야 델 카르멘의 시장, 시내 그 어디를 돌아다녀도 치첸이트사에서만큼 다양하고 질 좋은 기념품을 살 수 없다. 엄청난 인파가 몰리는 곳인 만큼 기념품을 파는 상인 또한 유적지 곳곳에 자리를 펴고 지나가는 여행자들을 불러 세운다.

물론 처음부터 합리적인 가격을 부르지는 않는다. 스페인어가 모국어인 페루 친구에게도 인정사정없이 일단 높은 가격을 부르는 그들이었다. 그러나 우리에게는 옆 상인, 옆옆 상인이라는 옵션이 존재한다. 비싼 가격을 뒤로하고 가려는 찰나 상인들은 우리를 다시 불러 세우며 처음에 불렀던 가격의 반을 제시한다. 하나같이 짜기라도 한 듯 자리를 뜨려고만 하면 반값으로 내렸고 우리는 마음에 드는 기념품이 있을 때면 옆 상인에게 가는 시늉을 했다.

나는 피라미드와 아스테카 달력이 새겨진 마그네틱 4개를 샀다. 다른 기념품 가게에서 봤던 마그네틱과는 비교되지 않을 정도의 정교함이 빛났다. 치첸이트사 여정의 마무리는 단연 기념품 쇼핑이다.

episodio #25

핑크호수를 찾아서

"쥬디야, 그거 알아? 멕시코에 핑크호수가 있대!"
"언니, 정말요? 어디에요?"
"유카탄주에 있어. 나도 언젠가 꼭 가보고 싶은데…."

핑크호수의 여정은 그렇게 시작되었다. 남미를 여행할 때 이스터섬Isla de Pascua도 비슷한 이유로 가게 됐다. 친한 동생이 모아이 석상(남태평양 이스터섬에 있는 거대 석상)이 잔뜩 있는 이스터섬 이야기를 꺼냈다. 칠레에 있다고 했다. '오호 그래? 칠레까지 가는데, 동생이 원하는 곳 정도는 가줘야지!'라고 생각했을 땐 이스터섬이 칠레 본토에서 3,400킬로미터나 떨어져 있는 남태평양 외딴섬인 줄은 몰랐다.

어딘가에 가고 싶다는 의지가 한참 낮았던 때, 나는 유카탄주의 바야돌리드Valladolid에 있었다. 날은 덥고 체력이 떨어진 그곳에서 한 일이라곤 밥을 먹기 위해 저녁 시간에 외출한 게 전부였다. 잠시 잊고 있던 '핑크호수'가 머리에 떠오르자 다시금 여행자의 가슴이 뛰기 시작했다. 그래, 내일은 핑크호수에 가는 거다.

"저기…, 내일 핑크호수에 가려고 하는데 어떻게 가는지 알아?"

여정의 모든 정보는 호스텔 직원에게서 얻는다. 휴대폰으로 뭘 검색하고 찾느라 시간을 허비할 필요가 없다. 대게 인포메이션에 있는 직원은 그 지역에서 여행자가 가려는 곳에 관한 거의 모든 정보를 알고 있다. 직원은 작은 메모지를 꺼내 들었다. 어디에서 몇 시에 어떤 버스를 타야 하는지 간략하고 알기 쉽게 적어주었다.

다음 날 아침, 직원이 적어준 종이 하나를 들고 아데오^ADO 터미널로 향했다. 바야돌리드에서 티시민^Tizimin까지 이동한 후 다시 한 번 버스를 갈아탔다. 핑크호수가 있는 지역은 라스 콜로라다스^Las Coloradas라는 곳이었다. '색채'를 뜻하는 지명이라니 얼마나 다채로운 풍경을 대하게 될까. 기대로 부풀어 오르는 마음을 애써 눌렀다. 기대해서 실망하기보다는 기대하지 않았는데 감동받고 싶은 게 여행자의 마음이다.

하루에 딱 두 대뿐이라는, 라스 콜로라다스행 버스 중 한 대에 올라탔다. 버스는 느리고 묵묵하게 핑크호수로 향했다. 바야돌리드에서 투어를 이용했다면 더 편하고 조금 더 즐겁게 동행들과 함께했을 거다. 대신 나는 훨씬 저렴하지만 몸은 고되고 마음은 외로운 대중교통을 택했다. 버스가 출발한 지 1시간이 조금 넘었을까. 저 멀리 딸기 우유를 한 사발 부어놓은 듯한 호수가 보였다. '드디어 핑크호수에 가까워지고 있어!'

버스에서 내리자 잠시 잊고 있던 유카탄의 강렬한 태양이 정수리를 쪼아댔다. 머리 위를 손바닥으로 보호한 후 황급히 큰 나무 그늘로 피신했다. 흙먼지가 온몸을 한 번 휘감고 나자 눈앞에 찰랑거리는 붉은색 호수가 보였다. 구글에서 봤던 눈이 시리도록 아름다운 핑크색 호수는 어디 있는 것인가. 핑크색이라기보다는 잔인한 핏빛에 가까웠다.

핑크호수는 붉은색 플랑크톤과 짠물 새우가 만들어낸다. 호수는 소금도 대량 함유하고 있는데 소금의 농도가 짙어질수록 호수 색깔 또한 뚜렷해진다.

핏빛 호수는 거대했지만 호수 외에는 아무것도 없었다. 나무 그늘을 포기하고 호수 가까이 다가가 사진을 찍었다. 눈이 부셔 카메라 화면조차 제대로 볼 수 없었지만, 감으로 셔터를 눌러댔다.

주위를 둘러보자 여행자처럼 보이는 여자애가 있어 얼른 다가가 친구가 되기로 했다.

"올라~ 혼자 여행 중이야?"
"응. 혼자 왔어. 너도?"

그녀와 발을 맞추어 나란히 걷다가 앞선 다른 여자애와도 동행하게 됐다. 그렇게 멕시코, 독일, 한국 3개국이 만났고 우리는 핑크호수를 따라 걸었다.

핑크호수를 따라 서걱거리는 소금길을 걷고 있자 이번에는 탁한 황금빛을 띠는 호수가 나타났다. 핑크호수만 예상하고 왔기에 사전에 없던 정보였다. 어떻게 전혀 다른 색깔의 호수가 이토록 가까이 서로 마주할 수 있을까. 이쪽에는 붉은색 플랑크톤이, 저쪽에는 누리끼리한 생물이 살고 있나 보다.

　정처 없이 떠돌고 있는 우리에게 플라멩고를 무료로 보여주겠다는 한 남자가 오토바이를 몰고 다가왔다. 정말 고맙지만 괜찮다며 그를 돌려보냈다. 그게 무료일 리도 없고 그의 탈 것에 올랐다가는 우리가 어디로 가게 될지 아무도 알 수 없다. 우리는 작은 마을로 되돌아갔다. 플라멩고를 보는 대신에 지도에서 확인한 근처 해변에 놀러 가기로 했다.

　택시를 타고 도착한 해변의 이름은 '작은 칸쿤'이라는 뜻의 칸쿠니토 Playa Cancunito. 해변에 들어서자 칸쿠니토에 온 최초의 한국인이 내가 아닐까 하는 생각이 들었다. 백사장에는 사람들이 남기고 간 쓰레기들이 군데군데 있었고 초파리들이 윙윙거리며 돌아다녔다. 백사장 뒤 덤불 속에서는 당장 누군가가 튀어나올 것 같은 음산함마저 풍겼다.

칸쿠니토는 버려진 해변 같았다. 유일하게 하나 있는 나무 천막 아래로 들어갔다. 천장을 덮고 있어야 할 물건은 바람에 찢기고 유실돼 아주 작은 크기의 그림자를 만들어냈다. 그림자 속으로 몸을 구겨 넣고 쪼그려 앉았다.

그늘을 사수하고 있는 나와는 다르게 친구들은 비키니로 환복 중이었다. 짐은 내가 지킬 테니 맘껏 수영하고 돌아오라고 했다. 친구들은 초파리나 뜨거운 태양, 짐의 분실 여부 따위는 전혀 신경 쓰지 않는 듯 해변으로 성큼성큼 걸어갔다.

잔잔한 파도에 몸을 맡기고 하늘을 보며 바다에 누워있는 그녀들의 여유가 부러웠다. '해변에 와서 난 왜 해변을 즐기지 못하는 걸까?' 생각하면서도 쉴 새 없이 온몸에 선 스프레이를 뿌리며 초파리를 쫓아냈다.

다시 마을로 돌아가는 길, 택시는커녕 도로 위를 지나는 교통수단은 보이지 않았다. 펄펄 끓는 아스팔트 위를 걸으며 뭔가 잘못되었다는 걸 깨달았다.

이대로 마을까지 걸어 간다면 족히 1시간은 더 걸릴 것이며 현재 물병에 물 한 방울 남지 않은 상황이었다. 어쩔 수 없이 해외여행 중에는 한동안 하지 않았던 게 생각났다. 무엇이든 간에 바퀴

달린 것이 다가온다면 히치하이킹을 하기로 했다. 굴러가는 게 신기한 수준의 낡은 자동차가 멈춰섰고, 차 주인은 길에서 익어가고 있는 우리 셋을 기꺼이 태워주었다.

티시민으로 돌아가는 버스를 기다리며 생수로 목을 축이고 초콜릿으로 당을 충전했다. 배가 너무 고팠지만 하나밖에 없는 식당은 단체 손님으로 가득했다. 밥 한 끼 제대로 먹지 못하고 돌아다녔으니 다들 파김치가 되어 쉬고 있었지만 나는 다시 핑크호수로 향했다.

아까는 하늘이 흐려서 또렷한 사진을 남기지 못했던 것이 못내 아쉬웠다. 핑크호수에 가고 싶어 했던 언니에게 예쁜 사진을 보내주고 싶었다. 이제 독차지가 된 호수에서 다시 한번 카메라와 두 눈에 핏빛 호수를 천천히 담았다.

멕시코에서 가장 꽉 찬 여정을 보냈던 날. 아마도 다시는 핑크호수를 보러 갈 일 없을 것 같다. 이토록 열심히 여행한 장소는 미련이 남지 않고 추억만 켜켜이 쌓이게 된다.

episodio #26

숙소로 떠나는
___ 여행

2017년 4월 5일. 메리다^{Mérida}. 한낮 최고기온 40도.

여행 초반, 4월에 유카탄주를 여행하는 것은 미친 짓이라고 들었다. 메리다에 사는 사람들도 4월에는 에어컨 한 대와 선풍기 두 대를 틀어놓고 산다고 했다. 미친 짓을 몸소 경험한 후 증명하고 싶었던 걸까. 여행이 계획대로만 흘러가지 않는다는 걸 인정한 4월의 어느 날, 칸쿤 여행을 마치고 옆에 있는 유카탄주로 이동했다. 바야돌리드에서부터 극한의 후끈함을 맛보았지만, 메리다에는 그보다 더한 것이 존재한다는 것을 보여주었다. 더운 지역에서는 이른 아침이나 저녁에 관광하고 낮 시간에는 쉬어야 하지만 그런 부지런함이 내게 있을 리 없었다. 새로운 도시에 도착하면 그곳은 무엇이 유명한지, 뭘 보러 갈지 고민하곤 했다. 메리다에서의 여행 목표는 '살아서 다음 도시로 이동하는 것'이 되었다. 날씨가 이 지경이니 숙소의 역할이 무척 중요해졌다.

무조건 시원한 숙소를 찾아야 했다. 호텔에서 숙박하면 시원한 에어컨 바람 아래에서 종일 뒹굴 수 있지만, 호스텔 시설은 그러질 못하다. 선풍기라도 여러 개 돌아가고 있으면 감사한 일이다. 다행

히 큰 수영장이 있는 호스텔을 예약할 수 있었다. 여성 전용 4인실에 짐을 풀고 천장을 보니 일반 선풍기 3배 크기의 팬이 천장에서 쉴 새 없이 돌아가고 있었다. 천장을 뒤덮을 정도의 크기이니 더위는 면할 수 있었다.

수영장으로 나가보니 투숙객 대부분이 수영복 차림이었다. 여행자들은 그늘이 생긴 쪽에서 수영하거나 선베드에 누워 오후 시간을 보냈다. 한가로이 책을 읽거나 낮잠에 빠진 이도 있었다. 나도 얼른 비키니로 갈아입고 수영장 물에 몸을 담갔다. 수영장에는 주변 나무에서 떨어진 잎사귀들이 물에 둥둥 떠다녔다. 이리저리

개헤엄을 치며 잎사귀들을 밖으로 건져냈다. 물에서 잠시 나와 의자에 앉아 있은 지 몇 분 되지 않아 또 등에 송골송골 땀이 맺혔다. 다시 물속으로 들어갔다. 개헤엄을 치고 잎사귀를 건져냈다. 이런 식으로 반복하니 나른한 오후 시간이 모두 흘러갔다. 한낮 기온은 계속해서 40도에 육박했고 이튿날도 새로울 것 없는 똑같은 일을 반복했다. 어차피 숙소 밖으로 나갈 수 없으니 열심히 숙소 여행을 즐겼다. 호스텔에는 시원스러운 풀장뿐만 아니라 쿠킹 클래스, 살사 클래스와 같은 프로그램도 있었다. 약간의 돈만 내면 멕시코 요리를 만드는 법을 배우고 각자 만든 요리로 끼니를 해결할 수 있었다.

점심시간이 되면 호스텔에서 음식 주문도 가능했다. 메뉴는 매일 바뀌었고 멕시코 가정식으로 나오니 밖으로 나가 레스토랑을 찾아다닐 필요가 없었다. 모든 것을 숙소 안에서 즐기고 해결할 수 있는 곳이었다. 저녁에는 살사 클래스에 참여했다. 한국에서 취미 생활로 살사를 배우고 있었기에 멕시코에서는 어떻게 살사를 추는지 궁금했다.

선생님의 발동작을 보며 열심히 따라 했고 수업이 이루어진 공간은 순식간에 후끈해졌다. 살사는 남녀가 짝을 이루어 추는 춤인데 성비가 꼭 맞지 않아 여자애와 손을 맞잡고 추기도 했다. 흥겨운 음악에 맞춰서 친구들과 열심히 발을 움직이고 나자 온몸이 땀으로 흠뻑 젖었다. 함께 깔깔대며 춤추고 나니 숙소에 있던 친구들과도 더욱 가까워졌다.

샤워를 마치고 시원한 옷으로 갈아입었다. 하루를 정리하기 위해 일기장을 가지고 수영장 근처에 있는 선베드로 다가갔다. 그때 내 손에 있던 휴대폰이 미끄러져 바닥에 떨어졌다. 안타깝게도 충격 완화에 좋은 휴대폰 케이스를 끼고 있었고 휴대폰은 바닥에 곧장 떨어지지 않고 한번 튕긴 후 수영장 물속으로 쏙 들어갔다.

"어…어, 어…."

눈앞에서 휴대폰이 물속으로 가라앉고 있었다. 잡아야 하는데 당장 물에 뛰어들어야 했지만 발만 동동 구르고 있었다. 휴대폰이 빠진 구역은 수영장에서도 가장 깊은 부분으로 한 번도 그쪽에서는 수영해본 적 없었다. 휴대폰이 고장 난다면 여행이 무척이나 불편해질 것이다. 거의 울상이 될 무렵 영웅이 나타났다. 반대편에서 수영을 즐기고 있던 외국인 친구 한 명이 내 쪽을 향해 빠르게 헤엄쳐왔다. 몸을 뒤집어 잠수하더니 바닥에서 내 휴대폰을 건져 올려 나에게 건넸다.

"고마워. 정말 고마워!"

사방에서 물이 뚝뚝 흘러내리는 휴대폰을 받고 나자 울어야 할지 웃어야 할지 난감했다. 주변에서 이 광경을 모두 지켜본 다른 친구가 다가와 휴대폰 말리는 것을 도와주었다. 휴대폰은 그 날 사망했지만, 이튿날 메리다의 작열하는 태양 아래에 3시간 정도를 두었더니 환생했다.

이 모든 일이 한 숙소에서 일어났다. 호스텔 밖으로는 한 발자국도 나가지 않은 날도 있었지만 지루할 틈이 없었다. 여행자가 쉬어가는 공간인 호스텔에는 다양한 시설과 프로그램이 있다. 인기가 좋은 호스텔의 특징은 투숙객들이 밖으로 잘 나가지 않고 말 그대로 호스텔을 즐긴다. 라운지 소파에 널브러져 독서를 하거나 저녁에는 맥주 한 잔과 함께 요리를 해 먹기도 한다. 바깥세상에만 볼거리와 이야기가 있는 게 아니다. 이후 나는 반나절이나 하루 정도 꼭 '숙소여행'을 즐기는 편이다.

노마다스 호스텔(Nomadas Hostel)
주소 Calle 62 433, Centro, 97000 Mérida, Yucatan, México.
가격대 200페소부터~(16인 여성 도미토리 기준)
시설 조식, 수영장, 살사, 쿠킹 클래스 등.

유카탄주와 더불어 캄페체(Campeche)주, 킨타나 로오(Quintana Roo)주를 유카탄반도라 칭한다. 메리다(Mérida)를 중심 도시로 둔 유카탄반도는 고대 마야문명이 번성했던 곳이다. 멕시코 동남부에 위치하고 광활한 석회암층으로 이루어진 지형적 특성 때문에 석회암이 함몰해 우물이 생긴 세노테를 쉽게 발견할 수 있다. 치첸이트사와 함께 칼라크물(Calakmul), 욱스말(Uxmal), 툴룸(Tulum) 등. 유카탄반도에는 6개의 세계문화유산이 있다. 관광지로 알려지기보다는 밀림에 묻혀 있는 유적지가 많아 특유의 가치를 지닌다.

유카탄 가볼 만한 곳 BEST 3

치첸이트사 Chichén Itzá

멕시코의 상징인 피라미드를 보지 않고 멕시코를 여행했다고 할 수 없다.

고대 마야의 경이로운 흔적이 잘 보존되어 있는 치첸이트사는 멕시코 사람들의 자부심이자 유카탄주에서 가장 많은 여행자를 맞이하는 곳이다. 아름다운 구조물인 엘 카스티요(El Castillo)와 사각형 광장, 천문대, 세노테 등을 구경하자. 거대 쇼핑센터를 연상시킬 정도로 수많은 상인이 있으니 잘 흥정하여 기념품을 구입하는 것도 필수.

주소 Piste Yucatan, Chichen Itza, Yucatán, México. **입장료** 총 242페소(몇 달 사이에도 입장료가 야금야금 오르고 있으니 참고). **개방시간** 매일 08:00~17:00. **찾아가기** 투어나 버스를 이용하되 칸쿤 출발 기준 소요시간이 2시간 반 정도이니, 아침 일찍 출발하는 것이 좋다(칸쿤에서 서쪽으로 약 197킬로미터).

핑크 호수 Las Coloradas

멕시코에도 핑크 호수가 있다. 플랑크톤 때문에 붉은 빛을 띠는데 핏빛을 띠기도 하고 진한 분홍색 우유 같기도 하다. 근접한 또 다른 호수는 탁한 황금색을 띠어 대조적이다. 경이로운 색을 품은 호수와 파란 하늘, 뻥 뚫린 경치를 느끼고 싶다면 핑크 호수를 찾아가자. 여정은 다소 고되지만 특별한 장소를 찾아가는 것을 즐기는 사람에게는 딱 인 곳이다.

주소 Las Coloradas, Yucatán, México. **찾아가기** 렌트카를 이용하거나 바야돌리드(Valladolid)에서 핑크 호수로 가는 투어를 이용할 수 있다. **대중교통** ❶ 바야돌리드 ⋯ 티시민(Tizimin) _ 1시간 소요. ❷ ADO 터미널에서 Noreste 터미널로 환승(도보 2분). ❸ 티시민 ⋯ 라스 콜로라다스(Las coloradas) _ 1시간 20분 소요. 티시민에서 라스 콜로라다스를 오가는 버스가 하루에 2대씩이니 스케줄 잘 확인하기.

욱스말 Uxmal

유카탄반도 푸크 지방에 있는 대도시 유적으로 농경지대의 교역이 활발하였고 경제·정치의 중심지였다. 700년경부터 건설된 욱스말의 구조물들은 후기 마야문명의 예술과 건축을 보여주는 문화유산이다. 푸크양식으로 세워진 독특하고 웅장한 건축물들을 볼 수 있으며 수많은 이구아나와 계속 마주치게 되는 곳. 다른 마야문명 유적지보다는 덜 알려져 있어 조용히 고대 도시 속을 거니는 듯 한 착각에 빠지게 된다.

주소 Carretera Federal No. 261, Uxmal 97899, México. **입장료** 223페소. **개방시간** 매일 08:00~17:00. **찾아가기** 아데오 타메(ADO TAME 주소: 68 y 70, Calle 69 554, Centro, Mérida)터미널에서 욱스말(Uxmal)행 버스(약 1시간 반 소요).

‖: Chiapas :‖
치아파스

episodio #27

___ 참
고마웠어요 ___

울며 겨자 먹기로 팔렝케^{Palenque}에 있는 호텔을 예약했다. 150페소(약 9천 원)만 주면 호스텔의 낡은 매트리스라도 몸을 누일 수 있었지만, 그것마저 매진이었다. 숙박시설이 넉넉지 않은 팔렝케에 갈 때는 적어도 2~3일 전에 예약을 해야 했지만 그런 부지런함이 내게는 없었다. 호스텔에서 나흘 밤을 묵을 수 있는 돈으로 호텔에서 하룻밤을 지내려니 여행 경비가 아까워 심장이 벌렁거렸다.

메리다에서 야간버스를 타고 팔렝케에 도착하니 아침 해가 떠오를 기미도 없는 칠흑 같은 새벽이었다. 태양이 나타나길 기다리며 터미널에서 2시간가량을 때웠다. 주위가 좀 밝아지고 나서야 무거운 배낭을 메고 어기적어기적 걸어서 호텔 앞에 도착했다. 8시간 동안 야간버스를 탔기에 잠을 제대로 잘 수 없었고 설상가상으로 컨디션마저 좋지 않았다. 당장 쓰러져서 자고 싶을 정도로 피곤했지만, 체크인을 하기까지는 무려 6시간이 남아있었.

몰골이 말이 아닌 나를 보고 직원은 방 청소를 마치는 대로 입실할 수 있게 해준다고 했다. 체크인 시간이 정해져 있으니 호텔 입장에서는 일찍 투숙객을 받을 필요는 없으나 지쳐있는 나를 보고 배려해준 것이다. 고맙다는 말과 함께 작은 로비에 놓인 소파에 맥없이 널브러졌다. 그때 직원이 다시 다가왔다.

"커피 한 잔 마실래?"
"정말? '무차스 그라시아스'지!"

그렇지 않아도 배가 고프고 마음이 허하던 참이었다. 그녀를 따라 호텔 1층에 있는 작은 식당에 들어섰다. 직원은 따뜻한 아메리카노를 한 잔 내어준 후 내게 환한 미소를 한 번 보내며 사라졌다. 이 얼마나 고마운 일인가. 커피를 한 모금 마시니 긴장했던 몸이 풀리는 듯했다. 커피의 열기와 직원의 배려가 합쳐서 마음이 두 배로 따뜻해졌다. 설탕을 조금 넣어 커피를 스푼으로 휘휘 젓고 있을 때 식당에 있던 다른 직원이 과일과 시리얼, 토스트 등을 연달아 가지고 왔다.

'어…. 이건 내 밥이 아니다.' 인포 직원이 나에게 커피를 서비스하니 투숙객인 줄 알고 다른 메뉴들도 가져다준 모양이다. 나는 오늘 입실하기 때문에 사실상 내일 아침 식사만 포함된다. 불편한 마음으로 공짜 밥을 먹을 수 없으니, 식당 직원을 불러 이건 내 밥

이 아니라고 솔직하게 이야기했다. 직원은 이내 확인해보더니 그냥 먹어도 괜찮다며 웃어 보였다.

마음속 깊은 곳에서 따뜻한 무언가가 용솟음쳤다. 커피 한 잔만으로도 고마웠는데 얼떨결에 아침 식사까지 하게 되다니. 대략 돈으로 따져도 100페소는 훌쩍 넘는 것 같았다. 맛있게 먹고 직원에게 감사하다는 말을 여러 번 건네고 나서야 마음이 편해졌다. 조금 쉬고 있으니 방 청소가 끝났다며 직원은 내가 묵을 방을 안내해주었다. 체크인 시간보다 몇 시간 일찍 들어가 쉴 수 있다니!

방은 더할 것 없이 마음에 쏙 들었다. 혼자만의 공간을 가져본 것이 얼마 만이던가. 그동안 호스텔 도미토리에서 여러 여행자와 방을 함께 썼기에, 이 넓은 공간이 오로지 내 것이라는 것이 믿기지 않았다. 침대 위에 놓인 리모컨을 눌렀더니 에어컨에서 시원한 냉장고 바람이 쏟아져 나왔다. 적어도 내 방 안에서는 한낮 기온이 40도에 육박하는 팔렝케의 더위 따위는 조금도 느낄 수 없었다.

깔끔하게 정리된 침대는 어찌나 널찍한지 어디서 친구라도 만나 초대해야 아깝지 않을 것 같았다. 깨끗한 하얀색 시트에서 마음껏 몸을 뒤집었다. 차례를 기다릴 필요 없이 나만을 위한 샤워실이 있다는 것은 두 배의 행복. 침대에 누워 가만히 돌이켜보니 멕시코 여행 중 제대로 된 호텔을 온 것이 처음이었다.

호스텔보다 네 배는 비싸지만, 하룻밤에 700페소를 낸 가치는 충분했다. 그동안 아껴가며 여행했던 날들을 하루 동안 모두 보상받는 기분은 짜릿했다. 나는 깨끗한 시트 위에서 마음껏 뭉그적대며 제대로 여독을 풀었고, 한결 가벼운 마음으로 다음 여정을 이어갈 수 있었다.

여전히 기억나는 숙소 직원의 배려, 참 고마웠어요.

episodio #28

정글 속
마야 유적지 ____

우거진 정글 속에 있는 팔렝케는 숨겨져 있다고 표현해야 맞을 것이다. 250년 전에 스페인 선교사가 이곳을 발견하기 전까지 수세기 동안 세상은 팔렝케를 잊고 있었다.

팔렝케라는 이름이 유명해진 것은 1952년에 '비문의 신전(Templo de las Inscripciones: 이 신전에 수많은 비문碑文이 새겨져 있음)'으로 불리는 피라미드의 지하에서 왕의 무덤이 발견된 이후다. 관 속에는 온몸을 장식품으로 치장한 팔렝케 왕이 매장돼 있었다. 이는 그동안 이집트의 피라미드는 왕의 무덤이고, 마야의 피라미드는 신전이라는 주장이 힘을 잃는 계기가 됐다.

팔렝케 유적지Palenque Ruinas는 열대우림 안에서도 열악한 기후와 환경 속에 자리한다. 과거에는 500채 이상의 건축물을 보유하고 있는 거대한 도시였다. 현재는 몇 개의 건물만 복원됐고, 여전히 고고학자들의 연구가 계속되고 있다. 유적들은 보존 상태가 좋은 편이며, 건축미의 우수성이 돋보인다.

어떻게 이런 척박한 곳에 거대한 문명이 존재했는지를 확인하기 위해 오늘도 전 세계의 관광객은 팔렝케 유적지로 모여든다.

마야문명의 유산을 잘 간직하고 있는 팔렝케 유적이 유네스코 세계문화유산에 등재되었다는 건 놀랍지도 않은, 이쯤 되면 지겨운 이야기다. 멕시코에 이런 곳이 어디 한두 곳이어야 신기해하고 기억할 테니 말이다.

유적지는 다듬어지지 않은 자연스러움이 있다. 관광지라고 느껴지는 곳은 관광객의 입장료를 받는 입구뿐이었다. 유적지 안으로 입장하니, 팔렝케라는 도시에서 마야 시대로 한순간에 시간 이동을 한 듯했다. 아침 이슬이 송골송골 맺힌 유적지 안으로는 유난히 햇살이 더디게 들어왔다.

정글 깊숙이 있는 데다 나무가 울창하니 그들 사이를 비집고 들어오는 데 햇볕도 꽤나 시간이 걸리는 모양이다. 잔디밭과 나무에 맺힌 물방울은 아주 더디게 말라갔다. 정글 안이라면 새들도 짹짹거리고 원숭이도 뛰어다닐 것 같지만 그런 활기는커녕 이상하리만치 무거운 기운이 느껴졌다.

유적지 깊숙이 들어갈수록 크고 무서운 동물 소리가 들렸다. 귀신의 집처럼 분위기를 조성하기 위해 스피커를 달아놓은 것은 아닌지 한참을 나무 위를 올려다봤다. 울창한 숲에서는 어떤 소리를 내는 동물이든 보호색을 띠고 있음이 분명했다.

웅장했던 도시와 문명이 사라지고 남아있는 건축물들은 고요하게 그 자리를 지켰다. 마치 축구경기가 뜨겁게 열렸던 거대한 운동

장에 모든 관중이 떠나고 난 후의 모습이랄까. 문명은 사라졌고 이제 그들의 흔적만 남아있지만, 그 영혼들이 울창한 정글 안을 빠져나가지 못하고 그 자리를 지키고 있는 듯했다.

그동안 정글이라는 단어는 내게 긍정적이지 못했다. 덥고, 척박하고, 정체 모를 벌레가 내 몸을 기어 다니는 상상에서 벗어나기 힘들었다. 어떻게든 팔렝케를 건너뛰고 마지막 도시에 당도하고 싶어 머리를 싸매고 루트를 고민했었다. 결국 팔렝케는 내게 잊히지 않는 가치 있는 여정으로 남았다.

팔렝케 유적지(Palenque ruinas)

주소 Carretera a Palenque- Zona Archaeologica Km. 8, 29960 Palenque, México.

개방시간 매일 08:00~16:30.

입장료 국립공원 32페소, 유적지 70페소.

찾아가기 팔렝케 유적지만 간다면 센트로에서 콜렉티보를 이용해 쉽게 이동할 수 있다. 추가로 투어를 하나 추천한다(Tulum Tour). 프로그램은 다양하니 본인 일정에 맞는 걸로 선택한다. 필자의 경우는 팔렝케 유적지, 미솔하(Misol-Ha), 아구아 아술 폭포(Agua Azul) 세 군데를 돌아보고 산 크리스토발(San Cristobal de Las Casas)에 내리는 종일 투어를 했다(입장료 제외 총 350페소).

episodio #29

___ 산크리스토발에서는
조심해야 해! ___

직사광선이 정수리를 뜨겁게 달궜던 팔렝케에서 불과 몇 시간 만에 가을 날씨의 산크리스토발 데 라스 카사스^{San Cristóbal de las Casas 이하 산크리스토발}에 입성했다. 멕시코라는 나라가 주는 느낌과는 정반대의 날씨였다.

늦은 밤의 산크리스토발은 쌀쌀하다 못해 손발이 따가울 정도로 시렸다. 제발 더운 도시를 벗어나게 해달라고 기도한 게 지난밤이었는데 손바닥을 싹싹 비벼서 열을 내야 하는 곳에 온 것이다. 돌돌 말아뒀던 구스다운 패딩을 꺼내 입고 막 잡은 호스텔의 옥상으로 올라갔다.

멕시코 최대의 성수기인 세마나 산타(Semana Santa: 부활절) 기간이 시작되었지만, 어째 여행자가 별로 없는 휑한 숙소였다. 옥상에 올라가자 이곳의 메인 성당인 산크리스토발 대성당이 정면에서 나를 맞이했다. 이 도시에서 가장 아름다운 성당인데, 어떤 긴장감도 없이 너무 쉽게 마주해 버렸다. 어둠 속에서도 황금빛으로 빛나는 성당은 쌀쌀한 밤공기마저 따뜻하게 만들어주는 기운을 뿜어내는 듯했다.

 그날 밤은 실로 오래간만에 추위로 몸을 잔뜩 웅크린 채 잠을 청했다. 아침이 밝아오자 2주간 묵을 새로운 숙소를 찾기 위해 거리로 나갔다. 다행히도 아침 햇살은 간밤에 얼어붙은 몸을 녹일 정도로 충분히 따뜻했다. 그늘에서 걸어가면 춥고 햇볕으로 나오면 온몸이 녹는 듯 따뜻하다가 이내 겨드랑이에 땀이 차는 날씨. 옷을 입고 벗기를 수시로 반복해야 하는 참으로 귀찮은 날씨다.

 거리에는 물건이나 음식을 파는 지역 상인이 반, 여행자가 반이었다. 여행 내내 먹었던 샛노란 망고에 시선이 쏠렸다. 잘 익은 망고는 진한 황금빛을 띤다. 작은 망고 컵이 고작 10페소. 많은 도시에서 숱하게 망고를 사 먹어봤지만 10페소짜리를 보니 기쁨의 미소가 나왔다. 고민할 것도 없이 '망고 하나 주세요!'를 외쳤다.

이곳저곳 알아본 숙소 중 가장 마음에 드는 호스텔에 짐을 풀었다. 이상하게도 투숙객 수보다 많은 직원이 있는 숙소였다. 며칠 지내다 보니 아리송했던 직원들의 정체가 밝혀졌다. 그들은 호스텔에서 숙박을 제공받는 대신 일주일에 몇 시간씩 일을 해주며 멕시코에 거주하는 여행자였다. 사실 멕시코뿐만 아니라 전 세계적으로 이런 방식으로 여행을 지속하는 사람이 많다. 숙소 직원들은 시장에 나갈 채비를 하고 있었다.

"쥬디, 너 시장에 가 본 적 있어?"
"아니, 아직 가보지 못했어."
"말도 안 돼! 여기 시장은 꼭 가봐야 해. 우리 지금 갈 건데 같이 가자."

캐나다에서 온 롹슨과 미국에서 온 이자벨라 뒤를 따라 숙소에서 몇 블록 떨어진 시장으로 향했다. 초입부터 시장은 사람들의 열기로 들썩거렸다. 오렌지 껍질을 벗긴 후 그 자리에서 천연 오렌지즙을 죽죽 짜내는 상인을 만났다. 오렌지 외에는 첨가물이 전혀 없는 신선한 주스 한 잔을 주문하지 않고 지나칠 수 없었다. 신맛보다는 단맛이 훨씬 강한 오렌지 주스를 한 잔 마시자 이내 식욕이 돌았다.

발걸음을 얼마 옮기지 못해 추로스를 기름에서 건져 올리는 아줌마가 눈에 들어왔다. 역시나 그냥 지나칠 수 없어 추로스도 한 봉지 샀다. 따뜻하고 기름진 추로스를 손에 들고 시장을 계속 둘러봤다. 그 외에도 각종 과일을 컵에 담아 파는 할머니, 따뜻하게 찐 옥수수를 막대에 끼워 파는 엘로테 상인 등, 주변의 재미있는 모습들을 놓치지 않기 위해 내 오감은 쉴 틈이 없었다. 본격적으로 천막이

빼곡하게 쳐져 있는 시장 안으로 진입하자 또 다른 신세계가 눈앞에 펼쳐졌다.

테이블 가득 산처럼 쌓여있는 각종 기념품, 반짝이는 장신구들이 자신을 봐달라고 손짓하고 있었다. 좁은 천막 안에서도 상인들은 옷에 자수를 놓고 뜨개질하며 아름다운 문양을 만들어내고 있었다. 알록달록한 실들이 엮여 작은 인형이 되고 손지갑이 되고 베갯잇이 되었다.

특히 형형색색의 자수가 놓인 멕시코 전통의상에 완전히 시선을 뺏겨버렸다. 색의 나라 멕시코답게 어느 것 하나 존재감이 희미한 물건이 없었다. 당장이라도 입어보고 싶은 마음이 굴뚝같아서 마음을 추스르느라 혼났다. 한편으로는 그나마 별다른 생각 없이 친구들을 따라 나온 시장이기에 돈을 얼마 챙겨 나오지 않은 것이 다행이라고 생각이 들 정도였다.

'우와, 이것 너무 예쁜데? 오…! 저건 정말 사야겠는데?'

정신을 차리고 보면 뢱슨과 이자벨라는 저만치 가 있었다. 혼잡한 시장에서 떨어지면 안 될 것 같아 얼른 뢱슨에게 뛰어갔다.

"Here is so dangerous(이곳은 너무 위험해)."

Chiapas _ 219

그때 뢱슨이 내게 의미심장한 말을 했다. 그 이야기를 듣는 순간 나는 정신을 똑바로 차리고 현금이 든 배낭을 고쳐 멨다. 여행자가 많이 오는 혼잡한 시장이니 푼돈을 노리는 소매치기가 있을지도 모르는데 내가 너무 방심한 것 같다. 긴장한 내 표정을 보며 뢱슨은 다시 말을 이어갔다.

"여긴 정말 위험해. 예쁜 게 너무 많아. 여기 계속 있다가는 돈을 다 써버리게 된다니까."

나는 그녀의 말에 격하게 공감했다. 멕시코를 여행하면서 처음으로 극한의 위험을 감지했다. 온갖 알록달록한 장신구들에 영혼을 다 뺏긴 나는 좀비처럼 이집 저집을 기웃거렸다.
다시 정신을 차리고 채소와 과일을 파는 곳으로 이동했다. 여기는 또 다른 신세계다. 망고 컵 하나에 10페소라고 좋아한 게 불과 몇 시간 전이었는데 여긴 7개에 20페소이다. 1개에 200원꼴이라니! 남은 여정 동안 원 없이 물리도록 망고를 먹을 테다.
한국에서는 비싼 과일인 아보카도도 개당 150원밖에 안 하니, 토마토 같은 건 말해 무엇하랴. 과일과 채소로 가방을 가득 채워도 주머니에서 나가는 돈은 몇 페소 되지 않으니 보물섬에라도 들어온 기분이었다. 왜 여행자들이 산크리스토발에서 몇 달씩 머무는

지 십분 이해가 됐다. 식재료만 사고 일단 후퇴다. 가방을 가볍게 비워놓고 다시 오리라.

그리고 나는, 산크리스토발에 머무는 2주 동안 정말 매일같이 시장에 갔다. 출근하듯 시장에 가서 물건을 흥정하고 다음 날 다시 가서 똑같은 물건을 또 흥정했다. 하루에 두 번, 세 번을 가도 시장은 매번 다른 분위기로 나를 반겼다. 상인들이 만들어내는 활기와 손님들의 흥정, 여행자들의 호기심이 더해져 산크리스토발 시장은 그 어느 장소보다 꽉 차고 풍성한 분위기를 풍겼다.

알아두기

산크리스토발이나 와하카 등 원주민 비율이 높은 도시에서는 사진 찍을 때 특히 조심해야 한다. 원주민들은 카메라가 자신의 영혼을 빼앗아 간다고 믿기 때문에 사진에 찍히면 매우 불쾌해하는 경우가 있다. 모두가 그런 것은 아니니 꼭 현지인의 모습을 담고 싶다면 정중히 양해를 구해보자.

episodio #30

쥬디의
___ 운수 좋은 날

멕시코의 마지막 여행지, 산크리스토발의 한글 캘리그라피를 완성했다. 그동안 멕시코를 여행하면서, 내가 갔던 도시의 이름을 한글로 쓰고 그 옆에 해당 도시의 대표 이미지를 그려 넣었다. 내 작품을 본 몇몇 여행자들은 예쁘다며 팔아보기를 권했고 다짜고짜 가격을 묻는 친구도 있었다.

산크리스토발이라는 도시에 가면 여행자들이 직접 만든 액세서리를 길에서 판다고 했다. 어떤 일본인은 종이에 먹을 이용해서 이름만 간단히 써주는데도 인기가 엄청 좋으니 꼭 글씨를 팔아보라고 했다. 여행 중 해야 할 숙제가 생긴 것 같아 마음이 편치 않으면서도 새로운 도전을 해본다는 생각에 설렜다.

친구들의 말대로 시도해보려고 마음먹었지만, 거리에서 어떻게 글씨를 팔아야 할지 감이 오지 않는다. 책갈피 크기의 종이는 크지는 않지만 글씨를 쓰고 도시에 걸맞은 그림을 그리는 데 적지 않은 시간이 걸린다. 책갈피 하나당 꽤 많은 시간과 노력을 쏟으니 예술가의 자존심상 싸게 팔고 싶지는 않았다. 그렇다고 멕시코 물가를 고려하지 않고 비싸게 내놓으면 인기가 없을 것이다.

이것저것 따져보다가 책갈피 한 개에 50페소로 정했다. 호스텔 친구들은 값을 더 받아도 된다고 했고, 한국에 있는 친구는 멕시코 사람들에게는 좀 비싼 게 아니냐고 물었다. 올릴지 내릴지 고민했지만 애초에 정한대로 50페소로 마음을 굳혔다. 숙소에서 나오는 조식을 배부르게 먹고, 오전부터 큰 테이블에 재료를 펼쳐놓고 판매할 캘리그라피를 만들었다.

'오늘은 꼭 시도해 봐야지.'

사실 부끄럽고 긴장된 마음에 판매할 시기를 하루 이틀 미뤘다. 해보기로 마음을 먹었으니 하긴 해야 한다. 물러설 수는 없다. 가방에 판매할 캘리그라피 재료들을 넣은 후, 호스텔 친구들에게 다녀오겠다고 말하고 나오는데 왠지 모르게 걸음이 늘어졌다.

'다른 여행자들도 당당히 자기 작품을 가지고 나와서 파는데 그게 뭐가 부끄러운 거야?'
'스페인어도 아닌 한글인데 사람들이 관심 있을까?'
'재미있는 경험을 해보려는 거잖아. 안 팔려도 괜찮아.'

머릿속에는 오만가지 상황이 설정되고 재설정되기를 반복했다. 복잡한 마음을 안고 유동인구가 가장 많은 과달루페 거리^{Real de Guadalupe}에 들어섰다. 그동안 거리를 오가며 시장조사를 좀 했는데 뭉치면 살고 흩어지면 죽는다는 결론이 났다. 나는 초보 장사꾼이므로 근처에 액세서리를 팔고 있는 친구에게 다가가 인사를 건넨 후, 옆에 자리를 깔아도 되겠냐는 예의상의 허락을 받았다. 거리에서 만난 멕시코 친구들은 흔쾌히 그러라고 했고, 내 장사에 행운을 빌어주기까지 했다. 이제부터 본격 장사 시작!

하얀색 캘리그라피가 돋보이도록 진한 먹색의 담요를 깔았다. 거리에서 지나가는 사람들이 잘 볼 수 있도록 소장용 책갈피를 깔

아놓은 후 앉은 자리에서 새로운 책갈피를 만들기 시작했다. 실은 지나가는 사람들의 반응을 보기가, 눈을 마주치기가 부끄러워 그렇게 얼굴을 무릎에 박은 채 열심히 책갈피를 만들었다.

얼핏 봐도 지나가는 사람들의 시선이 느껴졌다. 그때 누군가가 'Japonés? Chino?(일본어? 중국어?)'라고 하는 걸 듣고 얼른 'Coreano(한글)'라는 글씨를 써서 담요 맨 앞에 붙였다. 그 이후로 행인들은 '저게 한국어래'라는 말을 하며 지나갔다. 앉은 지 얼마 되지 않아 생각보다 많은 사람이 내 캘리그라피 앞에 걸음을 멈추며 구경을 하다 갔고, 내게 말을 걸어오기도 했다.

"와, 예쁘다."

"엄마, 저것 봐요! 한국어래요."

나는 장사꾼처럼 호객하지 않고 묵묵히 글씨만 썼다. 그러다 누군가가 오랫동안 내 앞에서 물끄러미 나를 바라보고 있는 게 느껴질 때면 고개를 들어 웃으면서 '올라'하고 인사할 뿐이었다. 사람들은 어떤 언어인지는 잘 몰라도 일단 예쁜 그림을 보며 한 번씩 걸음을 멈췄다가 옮겼다.

드디어 첫 손님이 왔다. 한 눈에도 중학생 정도로 보이는 멕시코 소녀였다. 그녀는 한글로 '산크리스토발 데 라스 카사스'라고 쓰인 글씨에 통통한 바나나 두 다발이 그려진 책갈피를 골랐다. 멕시코에서 내 캘리그라피를 사 간 첫 손님을 기억하고 싶어, 나는 그녀와 함께 사진을 찍었다.

첫 판매의 기쁨을 누릴 새도 없이 두 번째 손님이 주문 제작을 부탁했다. 자신의 이름인 '테레사'라는 글씨와 함께 한국에서 유명한 꽃이나 나무를 그려달라고 했다. 휴대폰으로 단풍나무를 보여주자 그녀가 아주 좋아했다. 제작하는 데 약 15분 정도 걸릴 것 같으니, 그녀에게 동네를 한 바퀴 돌고 다시 오라고 했다. 그녀는 나에게 50페소를 건넨 후 좀 이따 오겠다며 손을 흔들고 사라졌다.

'테레사'라는 이름을 종이에 여러 차례 연습해서 완성한 후에 단풍나무 이파리를 하나하나 그려 넣었다. 단풍만 그리기엔 좀 허전한 것 같아 뒤쪽에 희미하게 정자 하나를 배치했다. 단풍나무 그림에 알록달록한 색을 입히고 준비해온 손코팅지를 앞뒤로 붙인 후 여백과 날카로운 모서리를 둥글게 잘라냈다.

그녀가 부탁한 작업이 채 끝나기 전에 또 다른 멕시코 사람들이 왔는데 그들은 '안녕하세요.'라고 인사하며 다가와 나를 놀라게 했다. 어떤 손님은 '고양이'라는 한글에 고양이 그림을 그려달라고 요청했다. 그녀는 '고양이'라는 한국어가 너무 좋다며 연신 '고양이'라는 발음을 정확히 해 또 나를 깜짝 놀라게 했다.

"나 사실 동물은 잘 못 그려요. 난 꽃 전문인데."

그녀는 괜찮다며 30분 후에 다시 오겠다고 하곤 총총 사라졌다. 멕시코에서도 가장 산골짜기인 산크리스토발에서 나에게 한국말로 인사하고 한국어를 배우고 있다는 멕시코 사람들 때문에 나는 어안이 벙벙했다. 놀라움은 얼른 거둬야 할 정도로 작업은 계속됐지만 말이다.

그 후로도 많은 사람이 나에게 다가왔고 궁금한 것들을 물어왔다. 내가 책갈피를 제작할 동안 동네를 한 바퀴 돌던 테레사와 고

양이 손님은 몇 분 후에 다시 와서 책갈피를 찾아갔다. 그들은 내 작품을 아주 마음에 들어 했다. 떠나기 전에 나와 함께 사진을 찍는 것도 잊지 않았다. 기뻐하는 표정을 보자 내가 더 행복했다.

신기함과 반가움도 잠시. 손님이 꼬리에 꼬리를 물면서 마침내 주문 제작이 4개나 밀리는 상황이 되었다. 너무 정신이 없어서 울상이 될 무렵 보영이가 나타났다. 멕시코를 여행하면서 만난 동생 보영이는 외출 후 집에 돌아와, 내가 보낸 메시지를 보고 바로 과달루페 거리로 달려와 나를 찾아다녔다.

"보영아. 고객 응대 좀 해 줘. 주문이 4개나 밀렸어."

행복한 징징거림이 시작했다. 나는 주문한 손님들이 돌아오기 전에 열심히 캘리그라피를 만들었고 보영이는 내 옆에 앉아서 짧은 스페인어지만 웃으면서 손님들과 이야기를 나누었다. 하아. 두 시간 정도만 해보려고 나왔는데 이미 자리에 앉은 지 네 시간을 향해 달려간다.

허리 한 번 펴지 못하고 물 한 모금 마시지 못했다. 쨍쨍했던 태양마저도 뉘엿뉘엿 저물어 과달루페 거리에는 어스름이 깔렸다. 내가 글씨를 완성할 시간을 주기 위해 동네를 돌던 손님들이 돌아왔고 마지막 손님이 책갈피를 찾아가자 나는 미련 없이 자리를 털고 일어났다.

열심히 장사했다는 걸 증명하듯 허리와 어깨가 무척 아팠다. 여전히 어리둥절했다. 정신없이 바빴지만, 사람들이 내게 남기고 간 관심과 미소 덕분에 가슴이 뭉클했다. 얼마나 많은 사람을 만났는지 모른다. 옆 동네에서 놀러 왔다는 사람도 있었고 베라크루스Veracruz주에서 왔다는 가족, 저 멀리 시날로아Sinaloa주에서 온 청년도 있었다.

말도 안 되는 스페인어도 한참 썼는데 이렇게 며칠만 장사하면 금방 스페인어가 느는 것이 아닌가하는 기대감에 부풀었다. 흥분한 마음을 더욱 감추기 힘들었던 건 가방에 든 멕시코 페소를 확인할 때였다. 책갈피 12개를 팔았고 무려 600페소(약 3만 6천 원)를 벌었다. 600페소면 산크리스토발의 도미토리에서 나흘 밤을 묵을 수 있는 돈이다!

그날은 일말의 고민도 없이 캘리포니아롤을 먹으러 갔다. 얼마나 고됐는지 목이 턱턱 막혔다. 그래도 행복했다. 문득 멕시코에서 먹고 살 수도 있을 것 같다는 생각이 들었다. 장사 첫날의 기분 좋은 경험 때문에 그 이후에 몇 번 더 거리에 나가 캘리그라피 책갈피를 판매했다.

이상하게도 첫 장사 이후부터는 매일같이 거리를 순찰하는 사람들이 나타나서 제대로 판매할 수 없었다. 물건을 빼앗아 가는 건 아니지만, 그들이 출동하면 나를 포함한 거리 상인들은 물건을 정리해야 했다. 아무리 산크리스토발이라고 해도 거리에서 물건을 파는 것이 합법일 리가 없었다.

마을을 떠나는 마지막 날까지 시도해봤지만 순찰하는 무리가 종일 거리에 나타났다. 아쉽기는 했지만 돌이켜보면 왜 내가 장사한 첫날에는 순찰하는 무리가 오지 않았는지 여전히 미지수다. 그날은 나에게 '지독히 운수 좋은 날'이었나 보다.

episodio #31

멕시코를 추억하는 ___
___ 나만의 방법

멕시코는 주마다 전통 의상이 다르다. 일반적으로 여성들은 정사각형이나 직사각형의 옷감에 목과 팔 부분에만 구멍을 내어 자수를 넣어 입는다. 이런 옷을 우이필Huipil이라고 한다. 펼쳐놓으면 거대한 모양인데 사이즈란 게 따로 없고 허리띠를 이용해 크기를 조절해 입기도 한다.

매일같이 산크리스토발 시장에 갔던 건 멕시코 전통 자수 의상을 사기 위해서였다. 톡톡 튀는 원색의 옷감에 각양각색의 실로 자수가 놓인 멕시코 의상에 나는 완전히 매료되었다. 이렇게 튀는 옷은 한국에 가져가봤자 입지 않을 것이 불을 보듯 빤하지만 특별한 날에 입을 작정이었다.

색깔이 심하게 튀는 것이 대부분이었지만 그렇다고 무난한 걸 사자니 멕시코 특유의 맛이 빠진 듯했다. 그렇게 며칠 동안 시장을 쑤시고 다닌 끝에 마음에 드는 자수 원피스를 발견했다. 산크리스토발에서 지내는 동안 수백 벌의 전통의상만 보고 다녔으니 한눈에 알아보는 안목도 생겼다. 입어보니 더욱 마음에 들었고, 어느 정도 흥정을 한 후에 샀다.

산크리스토발은 나에게 멕시코의 마지막 도시였다. 출국할 날이 다가올수록 점점 여행의 끝을 실감했다. 뭔가를 하나라도 더 구경하려고 투어를 하는 건 더 이상 내게 의미가 없었다. 나는 나만의 특별한 방법으로 멕시코를 오래 기억하고 싶었다. 그것은 멕시코 전통 의상을 입고 야외에서 사진을 찍는 것인데, 동행 보영이의 아이디어였다. 그녀는 이미 사진 기사를 부르고, 치아파 데 코르소Chiapa de Corzo의 화려한 의상을 입고 예쁜 사진과 추억을 남겼다.

사진을 찍기로 한 날, 일전에 구입해둔 전통 의상을 입고 머리를 올린 후 오래간만에 공들여 화장했다. 눈썹을 진하게 그리고 속눈썹도 바짝 올렸으며 과나후아토에서 산 은귀걸이도 착용했다. 거리를 나서자 많은 사람이 나에게 시선을 보냈다. 길에서 급히 보랏빛 꽃 한 단을 사서 약속 장소에 도착하니, 오늘 나의 일일 사진작가인 보영이가 먼저 도착해 있었다.

동생도 나와 같은 장기여행자인데 신기하게도 그녀는 굽이 12센티미터나 되는 하이힐을 가지고 있었다. 굽이 아찔한 하이힐까지 빌려 신으니 모든 것이 준비되었다. 파란 하늘과 새하얀 건물 앞에서 서자, 내가 입은 붉은색 전통의상이 더욱 돋보였다.

멕시코에서는 동양인이라는 존재만으로도 많은 관심을 받는데, 동생과 내가 멕시코 전통의상을 입고 진한 화장까지 하고 있으니 귀찮을 정도로 많은 사람이 다가왔다. 우리의 화려한 등장에 많은 사람의 시선이 우리의 온몸 구석구석에 박혔다.

사진을 찍기 시작하고 얼마 지나지 않아 먹구름이 도시를 향해 몰려왔다. 비구름이 30분만 늦게 와주었으면 하고 바랐지만 당장이라도 비가 쏟아질 것 같아 서둘러서 사진을 찍었다. 앉은 모습, 서 있거나 꽃을 들고 있는 사진 등 다양한 각도로 포즈를 취했다. 사람들의 이목이 우리에게 제대로 집중되었다. 창피함은 순간이고 사진은 영원하다. 부끄러움을 무릅쓰고 열심히 포즈를 취했다. 아쉽게도 먹구름이 하늘을 완전히 뒤덮고 비가 한 방울씩 떨어지기 시작했다.

많은 사진을 찍지는 못했지만, 나를 위해 시간을 할애해준 보영이 덕분에 어떤 것과도 비교할 수 없는 즐거운 경험을 했다. 다음날 동생은 한 달 동안 산크리스토발에 풀어 놨던 짐을 다시 싸서 과테말라Guatemala로 떠났다. 시간이 많이 흘러도 사진을 보며 추억을 곱씹을 수 있으니 역시 창피함은 찰나일 뿐이다.

episodio #32

멕시코, 또 만나요 Hasta Luego, México!

길에서 캘리그라피 책갈피도 팔아보고 멕시코 전통의상을 입고 사진도 찍었으니 할 만큼 한 거 같았다. 굵직한 숙제는 해냈으니 이제 남은 시간 더 열심히 아무것도 안 하고 방랑하면 되었다.

D-4, D-3, D-2···. 자고 일어나면 한국으로 돌아갈 시간이 성큼성큼 다가왔다. 멕시코의 마지막 여행지였던 산크리스토발에서 2주를 지냈으니 이곳을 정리할 시간이 필요했다.

✓ D-1. 과달루페가 맺어준 인연

이방인인 나를 따뜻하게 맞아준 친구들에게 작별 인사를 하기 위해 과달루페 거리로 나섰다. 길에서 캘리그라피 장사를 하며 친해진 멕시코 친구들. 그 며칠 길에서 함께 고생했다고 동료애가 생겨 거리를 지날 때면 꼭 인사를 했다. 하루에 두 번을 만나고 세 번을 만나도 나를 보면 항상 밝게 웃어주는 친구들이었다. 나 또한 그들에게 다가가 재잘거리기를 좋아했다. 분명 내 스페인어는 엉망이었지만 우리는 큰 어려움 없이 소통할 수 있었다.

✓ D-9. 장사의 시작

"안녕? 네 옆에 앉아도 될까?"
"그럼, 물론이지."
"다행히 네 작품과는 겹치지 않아."
"넌 뭘 팔 건데?"
"난 책갈피를 팔 거야. 이건 한글이야."

처음 보는 나에게 친구들은 선뜻 마음의 문을 열고 다가와 줬다. 잘 보이는 곳에 작품을 두고 팔라며 자신의 물건을 옮긴 후 내게 공간을 내어 주기도 했다. 장사했던 날은 몰려드는 손님과 주문 제작에 정신이 팔려 그들과 제대로 대화를 나누지 못했다. 나중에 카메라에 찍힌 사진을 보고 나서야 친구들이 항상 내 주변에 있었음을 알았다.

✓ D-7. 순찰대를 피해!

 첫날 판매는 성공적이었지만 그 이후로는 순찰하는 무리 때문에 제대로 장사를 할 수 없었다. 저 멀리서 황토색 모자를 쓴 남자들이 보이면 친구들과 나는 바닥에 펼쳐놓은 물건들을 서둘러 정리해야 했다. 순찰대가 물건을 건드리지는 않았지만, 혹시라도 빼앗길까 봐 두려웠다. 그들이 저 멀리서 보이면 친구들은 어김없이 나에게 알려줬다. 눈치가 빠른 친구들이 곁에 있으니 든든했다.

 그러나 물건을 깔아놓고 순찰대가 오면 다시 정리하는 일이 두세 번 반복되자 무척이나 기운이 빠졌다. 나는 장사를 포기하고 일어났지만, 친구들은 짐을 싸서 또 다른 거리로 이동했다. 나야 재미로 경험 삼아 하는 장사지만 친구들에게는 생업이었기 때문이다. 그들은 과테말라와 멕시코를 넘나들며 길에서 장사한다고 했다.

✓ D-5. 작은 예술품들

"이거 직접 만든 거야?"

시간이 흐르며 나는 캘리그라피 책갈피 장사를 거의 포기하기에 이르렀다. 자연스레 친구들이 팔고 있는 물건에 관심을 갖기 시작했다. 실로 만든 팔찌, 철사를 꼬아서 만든 귀걸이 등 손으로 만들었다고 믿기 어려울 정도로 예쁘고 섬세함이 뛰어났다.

✓ D-3. 가지 마!

"쥬디~ 가지 마. 여기에서 살아."

친구들은 이런 말을 서슴지 않았다. 그럴 때마다 귀국 날짜가 성큼성큼 다가옴을 실감했다. 순찰대만 없으면 캘리그라피를 팔아서 산크리스토발에서 먹고 살 수도 있을 것도 같았다.

✓ D-day. 기필코 온 떠나는 날

산크리스토발을 떠나는 날이다. 오후 버스를 타고 공항으로 가기로 되어있었다. 아침부터 조식을 해치우고 친구들에게 작별 인사를 하기 위해 과달루페 거리로 갔는데 없다. 세 친구가 보이질 않았다. 거리 초입부터 끝까지 샅샅이 뒤졌는데 말이다. 마음이 조급해졌다. 숙소에 들어갔다가 한두 시간 후에 다시 거리에 나가서야 친구들을 만날 수 있었다. 그들은 점심을 먹고 왔다고 했다.

"내 이름이 한글로 어떻게 생겼는지 보고 싶어."

알베르토는 한글에 관심을 보였다. 이면지에 '알베르토'라는 이름을 적어서 보여주자 그는 무척 놀란 표정으로 자신의 이름을 가만히 들여다봤다. 가방에 있는 책갈피 재료를 꺼내 하얀색 종이에 친구들의 이름을 하나씩 썼다. 알베르토, 알렉스, 조니. 시간이 없어 그림은 그리지 못했다. 손 코팅지를 앞뒤로 붙인 후 여백을 잘라내어 친구들에게 건넸다. 작은 호의였지만 친구들은 너무도 기뻐했다. 본격적으로 친구들의 물건을 구경하고 마음에 드는 귀걸이와 팔찌 등을 골랐다. 첫날 캘리그라피 장사를 해서 번 600페소를 친구들의 물건을 사는 데 깡그리 쓰기로 했다. 귀걸이와 팔찌 등 한국에 있는 친구들에게 기념품으로 줄 만한 예쁜 액세서리를 마음껏 골랐다. 기념품도 사고 친구들의 물건도 팔아줬으니 일석이조였다. 그들이 내게 베푼 마음의 반의 반도 갚지는 못했지만….

"쥬디, 이건 내가 주는 선물이야."

조니가 내 손바닥에 올려준 귀걸이를 바라봤다. 정말 촌스럽다. 좋아하는 스타일도 아닌데 가슴이 뭉클했다. 조금이라도 갚고 가려고 했는데 또다시 받아버렸으니 어찌하면 좋을까.

"Mucha Suerte, Judy(쥬디, 행운을 빌어)."
"Mucha Suerte a Ti(너에게도 행운이 가득하길)!"
"Hasta Luego(또 만나자)!"

멕시코 사람들은 헤어질 때 아디오스(Adios, 잘 가)라고 인사하는 법이 없다. 항상 '다음에 다시 만나'라고 한다. 다시 만날 수 있든 없든 상관없다. 그들은 항상 다음 만남을 기약하며 밝게 웃으며 헤어진다. 그들의 말처럼 정말 다시 친구들을 만나러 산크리스토발에 가고싶다.

산크리스토발 가볼 만한 곳 BEST 3

딱히 할 것이 없는 데도 너무 좋아서 여행자들이 전부 장기여행자가 된다는 마력의 도시 산크리스토발. 해발 2,110미터의 고산지대에 깊숙이 자리한 시골 마을이다. 인디오를 만나보고 싶으면 그곳으로 가라고 했던가. 원주민 문화와 식민지 유산이 혼합된 산크리스토발은 단연 독보적인 분위기가 풍긴다. 말로만 들어서는 산골짜기 시골일 것 같지만 센트로 골목골목에 있는 카페나 식당들을 보면 그 멋스러움과 현대적인 분위기에 또 한 번 깜짝 놀랄 것이다.

산크리스토발 시장
Mercado José Castillo Tielemans

온갖 식재료를 저렴한 가격에 살 수 있으며 산크리스토발 특유의 다채로운 기념품도 살 수 있다. 단, 시장에 갈 때는 현금을 많이 들고 가지 않기! 소매치기가 때문이 아니라, 절제할 수 없는 쇼핑 중독에 빠질지도 모른다. 시장 안에  있는 산토 도밍고 성당을 구경하는 재미도 놓치지 말자.

주소 Bermudas, Barrio del Cerrillo, 29200 San Cristóbal de las Casas, México. **영업시간** 매일 07:00~17:00. **찾아가기** 라파스 메인 광장(Plaza de La Paz)에서 도보 7분.

수미데로 계곡 & 치아파 데 코르소
Cañón del Sumidero & Chiapa de Corzo

기암괴석이 펼쳐진 계곡을 따라 스피드 넘치는 보트 투어를 즐길 수 있다. 콘도르(condor: 독수리의 한 종류)나 야생 악어를 만날 수 있는 보너스도 있다. 산크리스토발과는 또 다른 따스함을 풍기는 문화의 마을 치아파 데 코르소 마을까지 둘러보자. 오전에 출발하여 수미데로(Sumidero) 계곡에 갔다가, 치아파 데 코르소 마을에 들르는 알찬 투어를 추천한다.

주소 Parque Nacional Cañón del Sumidero, Chiapas, México. **영업시간 투어** 오전 8~9시 출발, 오후 3~4시쯤 돌아온다. **입장료 투어** 300~350페소. **여행방법** 대개 숙소에 투어 프로그램이 있고 저렴한 편이며 센트로에 있는 여행사에 가도 쉽게 신청할 수 있다.

란초 누에보 동굴
Grutas de Rancho Nuevo

산크리스토발 중심에서 약 10킬로미터 떨어진 곳으로 울창한 나무숲이 있는 공원에서 자연을 느낄 수 있다. 신비한 동굴 탐험을 마치고 나면 근처에서 기념품 상점들을 구경할 수 있다. 또한 공원 내에는 다양한 종류의 멕시코 간식을 판매하는데 한 가지만 먹고 나오기 어려울 정도로 맛있는 것들이 많다.

주소 Carretera Panamericana Km. 94, 29200 San Cristóbal de las Casas, Chis, México. **영업시간** 매일 08:00~18:00. **입장료 공원 입장료** 10페소, **동굴 입장료** 20페소. **찾아가기** 산크리스토발 터미널에서 란초 누에보(Rancho Nuevo)행 콜렉티보로 약 15분. 하차 후 입구까지 도보 15분.

쥬디가 추천하는 멕시코 여행지 BEST 5

어떤 여행지를 좋아하게 되는 건 사소한 이유일 수도 있다. '공기가 좋아서', '그곳에서 누군가와 나눈 대화가 좋아서' 한 도시를 같은 시간에 여행해도 누군가는 그곳을 최고의 여행지로, 누군가는 최악으로 기억할지도 모른다. 그러니 여행지에 관한 생각은 모두가 다름을 인정한다. 다행히도 필자가 꼽은 도시들은 많은 여행자들에게 사랑받으며 대중적인 정서에도 잘 맞는 곳이다. 자, 이제 '꼭 추천하는 멕시코 도시가 있는지?'에 답을 할 시간이다.

산크리스토발 데 라스 카사스 San Cristóbal de las Casas

한번 입성하면 여행자들이 모두 눌러앉는 블랙홀의 도시 산크리스토발. 원주민 문화와 식민지 유산이 혼합된 산크리스토발은 단연 독보적인 분위기를 풍긴다. 딱히 '이거다'라는 관광지가 없으니 어슬렁거리고 현지인처럼 살아보기 좋은 마을이다.

물가는 안정되어 있고 센트로에 있는 시장에서 저렴한 가격으로 각종 식자재를 구입할 수 있으니 장기여행자들이 우후죽순으로 늘어나는 것은 당연한 일. 주말이면 과달루페 거리는 사람들로 북적이며 각

종 행사가 진행되어 활기를 띤다. 관광객이 모두 빠져나간 평일에는 얼마나 한적하고 평화로운지 모른다. 단점을 굳이 꼽자면 아침저녁으로 너무 춥다는 것!

멕시코시티 Ciudad de México

한 나라의 수도라서 예의상 추천하는 게 아니다. 현대인의 삶과 도시 곳곳에서 아스테카 문화의 흔적이 공존하는 곳. 인구 2,000만 명 이상이 거주하는 멕시코시티는 호수 위에 세워진 거대 도시이다. 여행자에게 가장 좋은 점은 세계 최고 수준의 미술관과 박물관이 지천으로 널려있는 곳이라는 것.

정치, 문화, 경제의 중심지이자, 여행자들에게는 볼 것 많고 할 것 많은 여행지로 통해 여정을 일주일로 잡아도 부족하다. 멕시코의 대표 음식인 타코가 가장 맛있는 곳이라고 자신 있게 말할 수 있다. 단, 대기 오염이 심하며 대도시이므로 치안에 더욱 유의해야 한다.

바칼라르 Bacalar

'아직도 칸쿤만 가십니까? 이제는 바칼라르로 가십시오.'

칸쿤에서 버스로 약 5시간을, 아니 5시간만 달리면 만날 수 있는 곳. 에메랄드색 물감을 호수에 잔뜩 뿌려놓은 듯. 바칼라르는 평화로움 그 자체이다. 호수가 간직한 청량함을 즐기다보면 며칠을 머물러도 떠나고 싶지 않을지도 모른다. 호수 주변이 아니면 적막함마저 느껴지는 작은 마을이므로 적은 수의 관광객 사이에서 한적하게 휴가를 보내고 싶다면 바칼라르는 최고의 여행지가 될 것이다. 단점을 꼽자면 예쁜 호수를 보기 위해서는 비싼 밥을 먹어야 한다는 것(칸쿤 물가에 비하면 합리적인 수준).

산미겔 데 아옌데 San Miguel de Allende

한국 여행자에게는 많이 알려지지 않았지만 본격적으로 입소문 나기 시작한 아름다운 여행지이다. 과나후아토에서 버스로 1시간 반 정도면 닿을 수 있는데 그곳과 닮았으면서도, 또 다른 매력을 가지고 있다. 자갈로 된 길과 예스러운 파스텔 톤의 아름다운 건물들이 눈을 사로잡는다. 주말에 방문하

면 마치 축제라도 열린 듯 엄청난 활기를 느낄 수 있다. 도심에 위치한 산미겔 대성당은 단연 이곳의 랜드마크. 화려한 디테일로 가득한 성당은 꼭 두 눈으로 즐길 가치가 있다. 과나후아토만큼 관광지화되어 물가가 좀 비싸다는 단점이 있다.

스칼렛 Xcaret

한국에서 칸쿤으로 신혼여행을 가는 친구들에게 쫓아다니면서 꼭 가라고 추천하는 여행지이다. 스칼렛은 도시가 아닌 하나의 장소로 에코 테마파크이다. 카리브해를 끼고 있는 공원 안에서 40개가 넘는 어트랙션을 즐기며 수영할 수 있다. 방문 전 동선을 슬기롭게 계획해야 할 정도로 보고 즐길 거리가 즐비하다.

저녁 7시에 시작하는 마야 대공연은 따로 돈을 내고라도 봐야 할 정도로 재미있고 가슴을 울리는 감동이 있으니 놓치면 안 된다. 하루 종일 놀고도 다음날 또 가고 싶은 심정이다. 방문자들의 마음을 아는지 이틀 연속 방문하면 금액의 반값만 내는 혜택도 있다. 입장료는 좀 높은 편.

: Epílogo

똘랑똥고^{Tolantongo}?

내가 놓친 멕시코의 히든 플레이스다. 깊은 산 속, 자연이 만들어낸 석회암의 온천탕 안에는 옥색 물빛이 찰랑거렸다. 여행 중에 똘랑똥고를 알았더라면 역행을 해서라도 갔을 것이다. 내가 과달라하라에서 미나스 폭포 사진 한 장 보고 씨우다드 바예스로 향한 것처럼. 멕시코시티에서 그리 멀지도 않다. 매일매일 멕시코시티의 소나로사에 가서 자장면이나 먹고 놀러 다니던 시간만 아꼈어도 똘랑똥고에 두 번은 갔을 것이다.

놓친 곳이 어디 그곳뿐이랴. 서퍼들의 천국인 사율리타^{Sayulita}는 현지인이 엄지를 추켜들며 추천한 곳이다. 멕시코에 살고 있는 블로그 이웃이 몰래 나에게만 알려준 해변도 있다. 그녀는 남쪽 와하카주에 있는 우아툴코^{Huatulco}를 가기 위해 왕복 서른 시간 운전도 아깝지 않다고 했다.

석 달 정도면 멕시코 웬만한 곳들을 돌아볼 수 있을 거라고 생각했다. 여행을 마치고 나니 여전히 못 가본 곳은 많고 한 번 가보고 좋았던 곳은

또 가고 싶어졌으니 멕시코에 다시 가야 할 이유만 두 배가 되었다.

'다음 여행지는 어디인가요?'라는 질문을 가끔 받는데 내 대답은 새로울 것이 없다. 올해 목표는 멕시코로 세 번째 여행을 떠나 내가 놓친 히든 플레이스들을 두 눈으로 마주하는 것이다. 아직도 멕시코만큼 강하게 나를 끌어당기는 여행지는 없다.

서점의 여행 코너에는 한 달에도 수십 권의 신간이 쏟아져 나온다. 그토록 많은 책 사이에서 멕시코에 관련된 책은 찾아보기 어렵다. 어느 출판사의 편집자가 여행지로서의 멕시코에 관심을 가질까 걱정하던 때가 있었지만 한편으로 은근한 자신감은 있었다. 당장 인기 여행지는 아니어도 조만간 빵 뜰 수밖에 없다는 확신이 있었다. 매일이 축제 같은 멕시코에서 석 달 동안 온몸으로 경험하고 돌아왔으니까.

가라는 시집 안 가고 가지 말라는 여행을 자꾸 가는 막내딸을 묵묵히 기다려준 부모님께 감사하다. 소중한 여행 사진을 허락해준 친구들(뽀, 지훈, 제훈, 은주)과 멕시코에서 만나 추억을 진하게 나눈 친구들(수정, 혜민, 진블, 희영, 팡)에게도 고맙다.

내가 이토록 강력 추천하는 멕시코지만 중남미 문화권을 경험해 본 적 없는 여행자는 멕시코가 낯설 수 있다. 스페인어는 전혀 알아들을 수 없고 그동안 여행했던 곳과는 사뭇 다른 분위기에 이질감 팍팍 느낄지도 모른다. 그러나 그리 오래가지는 않을 것이다. 멕시코의 활기와 자유분방함에 동화된다면 수십 년을 살아온 한국보다 더 편하게 느낄 것이다.

이 책을 읽고 있는 독자들이 언젠가는 멕시코를 여행할 것이다. 내년 일수도, 몇 년 후일 수도 아니면 다음 달에 떠나게 될 수도 있다. 거대한 피라미드에도 올라가 보고 바닥까지 투명한 세노테에서 수영도 하겠지. 핑크호수에서 인생 사진을 건지거나 여행 스페인어를 금방 익혀 옥신각신하며 물건을 흥정하고 있을지도 모르겠다. 내가 멕시코를 '친정 같다'라고 했던 말을 공감하는 순간이 정말 올지도 모른다. 그렇게 멕시코의 매력에 푹 빠지다 보면 한국에 가기 싫어 돌아가는 비행기 티켓을 찢고 있을지도….